U0691072

不懂人心，人生难赢

李　珊——编著

四川大学出版社

责任编辑:周　艳
责任校对:孙滨蓉
封面设计:李　品
责任印制:王　炜

图书在版编目(CIP)数据

不懂人心，人生难赢 / 李珊编著. —成都：四川大学出版社，2018.6（2025.6重印）

ISBN 978-7-5690-1980-3

Ⅰ.①不…　Ⅱ.①李…　Ⅲ.①心理交往－通俗读物　Ⅳ.①C912.11-49

中国版本图书馆 CIP 数据核字（2018）第 144677 号

书名　不懂人心，人生难赢

编　　著	李　珊
出　　版	四川大学出版社
地　　址	成都市一环路南一段 24 号 (610065)
发　　行	四川大学出版社
书　　号	ISBN 978-7-5690-1980-3
印　　刷	合肥市星光印务有限责任公司
成品尺寸	145 mm×210 mm
印　　张	8.625
字　　数	176 千字
版　　次	2019 年 1 月第 1 版
印　　次	2025 年 6 月第 3 次印刷
定　　价	59.80 元

◆读者邮购本书，请与本社发行科联系。电话：(028)85408408/(028)85401670/(028)85408023　邮政编码：610065

◆本社图书如有印装质量问题，请寄回出版社调换。

◆网址：http://press.scu.edu.cn

前言

“你怎么就不懂我的心？”

这是很多热恋中的男女经常挂在嘴边的一句话，但凡情侣一方惹得另一方不高兴了，这句话可能就出现了。该怎么去回答这个问题呢？很多恋爱中的人百思不得其解。

这个问题的高难度体现在它的矛盾性：假如你懂我，你就不会让我生气，现在我生气了，那就说明你不懂我。假如回答“我懂你”，对方会嗤之以鼻；假如回答“好吧，我不懂”，那这段感情或许就将陷入危机了。

古人说：“人生得一知己足矣。”读懂别人不只是为了投其所好，这也是帮助我们避免踩上雷区的法宝。

在日常生活中我们经常说的一句话就是“做人做事要‘看人下菜碟’”。这“看人下菜碟”的意思想必大家都明白：遇见一个脾气暴躁的人，我们就不能与之针锋相对；遇见一个说话拐弯抹角的人，我们说话就不能随心所欲；有的人重视自己的隐私，我们“下菜碟”的时候就不能口无遮拦，屡屡去戳别人的痛处。

美国著名心理学家卡耐基曾经说过：“人性的盲区能够毁掉一段关系，也能成就一段关系。”这句话的意思其实并不难理解，假如我们不清楚别人的盲区在哪儿，或者明知故犯的话，那么两个人的关系肯定会因此而受影响。但是假如我们清楚别人的盲区，在与人交往时能够很好地规避，那么我们不就能做到“投其所好，儆其所恶”了吗？

有的人或许会说，如果是朋友的话，别人喜欢什么、讨厌什么我们不都该清楚了吗？如果是陌生人的话，我们只要管好自己，不轻易乱说话、乱出手就行了。

但问题恰恰就出在这里，朋友跟我们虽然熟悉，但是我们不可能完完全全地了解一个人，就算是看着儿女长大的父母有时候也摸不清子女内心的想法，更何况是朋友甚或陌生人呢。

总的来说，我们说话办事要给别人面子，我们自己也想有面子。面子能够影响两个人的感情，假如某一次一个人让我们在公共场合下不来台，试问，我们心中难道对这个人没点想法？

在我们生活当中，人性的禁忌也不光只是集中在面子上。一位作家曾经说过："我们每个人心中都有一块属于自己的领土，神圣不可侵犯。"如果我们不去认真揣摩对方的心意，说话做事时就很有可能撞上枪口。

人与人各不相同，所以禁忌也应该有不同的地方。有句俗话说："人生在世，不过一个'情'字而已。"在人与人之间的交往当中，多把心思放在"人之常情"上面，我们触碰雷区的可能性就会小得多。

总之，我们不能成为别人肚子里的蛔虫，但是最好也不要做别人眼中的害虫。所以，在"出手"之前千万不能着急，先把人读懂，之后的事不就水到渠成了嘛！

第一章 初读人心，掌握交往主动权

第二章 想『抓心』，自己先得有『心』

第三章 拨开『暗语』后的面纱

第四章 给别人找面子，给自己贴里子

第五章 人情，是别人记挂你的理由

第六章 『好话』是任何人都不能拒绝的诱惑

第七章 想要别人靠近，自己得先靠谱

第八章 即使不招待见，也别让人讨厌

第九章 不懂人心的历史，总是透着血淋淋

第一章

初读人心，
掌握交往主动权

读人有难度，但读人很重要。想掌握交际场上的主动权，那么我们就必须比别人先走一步。人不是藏在盒子里的秘密，再难“读”的人也会“露马脚”，别人的衣着打扮、一言一行都可以作为我们“读人”的根据。只要你足够细致，“读人”就不是难事。

穿着打扮：衣裤鞋帽包不住真伪良善

我们在日常闲聊时，经常会听到有人说“某人真有气场”，说话人还带着一脸崇拜、钦佩的表情。“气场”是个比较抽象的名词，主要靠个人感觉。但我们说它抽象，也并非完全无据可依。

假如对方衣衫不整、蓬头垢面，那么还会有人说他有气场吗？我看不会，别人只会说，这人怎么邋里邋遢的，活生生是一个要饭的。

衣、食、住、行，这些与我们日常生活联系最紧密的事情中，穿衣打扮尤为被人们重视。

郭沫若曾经说过：“衣服是文化的象征，衣服是思想的形象。”由此，我们不难看出，穿衣打扮不但关乎人的外在形象，而且还能够反映一个人的心理。

假如我们事先没有跟别人打过交道，而我们又想在交往中掌握主动权，那么不妨在见面时注意一下他人的服饰。因为一个人喜欢穿什么类型的服饰往往是由他的心理和审美观念决定的，假如我们了解点“服饰心理学”，那么，通过他人的衣着我们就能够得出一些最基本的框架。

日本可以算得上是全世界较注重服饰文化的国家之一。日本人平时穿着得体的便装，上班时必定是西装革履，每逢节日又会换上民族服装——和服。根据社会学家的研究，日本人的这种服饰文化正是代表着这个民族的品性：严谨、讲究秩序。

日本著名企业家松下幸之助曾经讲过这样一个故事。

有一次，一位年轻人来松下集团应聘，当人力资源部的主管在面试那位年轻人时，松下就一直在旁边默默地观察着应聘者。

半个小时的谈话下来，人力资源部的主管很是满意，最后他问了这个年轻人一个问题：“你的期望年薪是多少？”

年轻人不紧不慢地回答道：“1000 万日元（相当于人民币70万元左右）。”

人力资源部的主管点了点头，因为在他看来，这样一个有经验有能力的年轻人提出1000 万日元的薪资期望并不过分，但是当时松下就在旁边，该主管就决定先让年轻人回去等消息，他则试探着问老总道：“松下先生，您看这个年轻人怎么样？”

主管本以为松下会同意录用，毕竟，这样的人才不可多得，但是松下的回答却是：“让他另谋高就吧！”

“为什么？”主管很是不解地问。

松下缓缓说道：“不知道你刚才注意到没有，这个年轻人身上的领带又脏又皱，而且戴领带的方式也错了。一个想拿1000万日元年薪的人就应该有一条配得上自己的领带。他戴着的这条领带反映出他这个人对应聘没有全心全意地重视，而且，这个人很有可能是个在工作上不能尽心尽力做到最好的人。这种人才对我们公司非但没有什么作用，而且很有可能会造成损害。”

主管听完就立刻点头，刚才他也注意到了这个细节，只是没有那么在意而已，看来还是老总观察得仔细。

一个人的穿着打扮能够大致反映出这个人的品格，这一点是毋庸置疑的。那么，具体到实践当中，我们该如何通过一个人的穿着看出他的品格呢？

1. 穿着朴素或奢华。

一个喜欢穿朴素衣服的人，一般性格比较内向，理智沉稳，勤奋踏实。相反，一个人如果总喜欢追求流行，爱穿跟自己经济实力相比较奢华的衣服，那么这种人十有八九都是爱慕虚荣，花钱大手大脚。

2. 穿着简单或复杂。

一个人穿着比较简单说明他对自己很有信心，在生活中比较有魄力，做事干净利索，不拖泥带水。反之，如果一个人穿着太过复杂，两天换三种风格，那么这种人可能就比较注重实际，控制欲也比较强，爱支配别人，自己却不大喜欢被人约束。

3. 喜欢同一款式。

什么时候都穿着同一款式衣服的人大多有自己鲜明的个性，他们一般都有强烈的自我意识，爱憎分明，这种人一般比较诚实守信，言出必行，但是往往有些清高孤傲，有时候可能会不大合群。

衣服的不同也能反映出一个人的性格。比如说，喜欢穿西装的人一般都是比较严肃的，性格相对来说也就比较沉稳，一般也有很强的事业心。而喜欢穿休闲装的人一般来说性格比较豪爽，不拘小节，心胸开阔，对自己也很有信心，喜欢不受约束的生活。

现在还有很多人喜欢穿牛仔服。美国的一项调查显示，喜欢穿牛仔服的人一般有着豪爽的个性，跟穿休闲衣服的人很像，但是他们的性格更加外向。

生活中还有喜欢穿马甲和夹克的人。一般来说，喜欢穿马甲的人性格大多比较传统，对时尚的东西没有太多的追求。而喜欢穿夹克的人往往有着灵敏的感觉，为人随和，开朗活泼。

另外，一个人衣服的颜色也能反映这个人的性格。社会学家的一项调查结果显示，衣服色彩比较单一，或黑或白的人，个性一般都比较开朗，在交际场上往往能够左右逢源，在哪儿都能吃得开。而那些热衷于穿得花里胡哨的人，很有可能是爱慕虚荣者，他们的穿着使得他们个性更为突出，透露出一股张扬和爱表现的欲望。

其实，在生活当中，一个人在穿着打扮上有很多细节是可供我们挖掘分析的。除了衣裤，一个人的鞋子、帽子、身上的配饰也能够反映这个人的心境。最简单的一个例子：一个常年手表不离手的人，时间观念肯定也差不到哪儿去，我们可以进一步推断出，这种人办事一般都比较严谨，很是可靠。

只要我们能够留心观察，在与别人打交道时，第一眼就能将人看个“大概”，有了这个“大概”，我们在与他人的交往当中就能够掌握一定的主动权。

有人批评某些人是戴着面具在众人面前演戏，这话当然不假，社会压力太大，让许多人不敢轻易以真面目示人。但如果我们想做生活中的智者，也不一定非得揭开人家的面具，在初次见面还不够了解对方时，我们不妨多打量打量对方，一个穿着阿玛尼西服套装的人很有可能被他身上的那条又脏又旧的领带出卖，我们可以通过这条不得体的领带“窥探”出一些这个人内心中不为人知的秘密！

总而言之，在与陌生人打交道的过程中，我们一定要善于把握细节，其中又以对方的穿着打扮最为重要。毕竟这个世界上并没有不透风的墙，一个人再怎么思维缜密，再怎么心有戒备，他也总会在自己的衣裤鞋帽上露出或多或少的破绽，而这些破绽就是我们攻心的最佳筹码。

察“颜”观色：微表情中藏不住喜怒哀乐

美剧《别对我说谎》中，微表情专家莱特曼博士有这样一种能力：通过一个人的面部表情，他能够准确判断出此人的内心活动。

有次，他帮助警察阻止了一次恐怖袭击。当时他只是简单地问了嫌疑人几个问题，尽管对方没有做语言上的回答，但是莱特曼博士还是通过嫌疑人脸上的表情准确判断出了炸弹的安放地点，最后成功阻止了这次犯罪活动。

大多数心理学家认为，一个人身上最能反映心理活动的地方非表情莫属。我们在文学作品中也经常能够看到类似的描述，比如说在《三国演义》当中，描写张飞发怒时便是“豹眼环睁”。而我们说一个人很高兴时，也经常会用到“喜上眉梢”这样的成语。因为表情能够反映一个人的喜怒哀乐，所以我们经常能听到某人说“看我脸色行事”。

但是殊不知，表情是表情，人是人且各有不同，凭主观常识去判断难免会产生认识偏差。

20世纪中叶，美国一位著名的心理学家曾经尝试过这样一个试验：他同助手一起在城市街头、交际场抓拍各类人的各类表情，愤怒、害怕、诱惑、平静、幸福、悲伤、开心等。抓拍下这些照片之后，他请来了社区里的一批普通观众，把照片摆在他们面前，让他们判断每种表情背后所对应的心理状态。

令人惊讶的是，对于这些常见的心理表情，参与这个试验的人们能够猜对的还不到三成。很多人都把平静误认为幸福，又将喜极而泣误认为悲伤。这个试验无疑说明了一个道理，想要在瞬间透过表情看懂人心并不是那么简单。

但就算是这样，相较于其他的方式，“表情解读”仍然是看透人心的一个重要办法。表情作为人心的一面“镜子”，能够反映出人一些不为人知的心理活动。

在上文提及的美剧中，莱特曼博士为了更好地解读表情，曾跑到非洲一个原始部落跟当地人生活了几年，而他的最终目的也不过是研究当地土著人的眉毛而已。

莱特曼正是花了如此大的精力才练就了一双“慧眼”。

当然，一般人想要达到莱特曼博士这样的水平是很有难度的，但是，我们根据一个人的面部表情判断出个“大概”还是可以做到的。

例如，在我们平常的生活当中，皱眉、蹙额这样的表情大多意味着关怀、焦急、生气等，而眉毛上扬、眼睛大睁则大多意味着意外、惊讶。

如果我们在跟别人交谈时发现一个人突然撇嘴，那么这时我们就应该适当地中断一下自己的话题了。因为这种表情的出现往往意味着尴尬、愤怒。如果对方脸上突然出现了这种表情，那么很有可能是因为我们的某句话刺痛了对方，引起了对方的不适，所以在这个时候如果不采取相应的措施，两人就很有可能不欢而散。

当然，在现实中，也有一些人为了掩饰内心想法，不惊讶故作惊讶，不高兴故作高兴，这种表情往往能够遮掩他们内心的真实想法，所以这个时候我们就应当更加细致地去注意一些细节。

一个人如果心情很愉快，那么他的嘴角一般会向后，就像我们平时哈哈大笑时嘴角靠后一样，所以一个人如果只是脸上出现了笑容，但是嘴角却没有向后的迹象，那么我们很可能就是碰上了“皮笑肉不笑”的人。

不光是嘴角，开心的时候，人们的面颊一般都会向上，眉毛很舒展，眼睛会变小，就像我们平时说的“喜笑颜开”“笑得眼睛都看不见了”。相对应的，一个人如果心情不好，则会眉毛紧锁，嘴角下垂，而这些小细节都是伪装不了的。

除了上述的这些细节，眉毛和眼睛还能够反映人的多种心情。心理学研究表明，一般竖眉意味着发怒，所以有“柳眉倒竖”这一说法；而横眉则常常表示一种不屑和敌意，所以有“横眉冷对”这一说法。我们经常说的“低眉顺眼”则是表明一种顺从，瞪眼通常是表示一种不满，挤眼则是一种会意或戏弄。

在与人交往过程中，学会点表情解读无疑是拥有了一把打开他人心理之门和人际交往之门的钥匙。看懂了别人的表情，我们才知道该如何在适当的时候说适当的话，在最合适的时机做最有效的事。而且，学会察“颜”观色、见缝插针能够帮助我们早早掌握对方行为的态度和目的，让我们在交际中拔得头筹。

其实，生活在这个竞争激烈的社会，每个人都应该懂得一些表情术，通过察“颜”观色去洞悉他人的情绪起伏。

要知道，如果我们不主动去读懂别人，那就无法深入对方的内心世界，轻则感情变淡，重则直接断送两个人的关系。

人与人之间的交往就是一场心理与心理的较量，如果我们能够掌握交际和沟通的主动权，那么我们何愁自己不能成为一名人脉大师呢？

举手投足：动作里有大门道

如果问起江忠源是谁，很多人可能会摇头说“不知道”。但若要说起清末的湘军，相信很多人都有所了解。而江忠源正是湘军的创始人之一。

据说，清末名将曾国藩与江忠源第一次见面时，在观察了他的行为举止后得出了一个结论：“京师求如此人才不可得。”接着他又说，“是人必立功名于天下，然当以节义死。”当别人问及缘由时，曾国藩笑着说：“江忠源与我交谈时双脚立地不移动半分，昂头挺胸不垂首，可知此人性格沉稳、胸有韬略，但为人太过高傲，宁弯不折。”

数年之后，江忠源屡立奇功，但最终在与太平军的战斗中失败，投江而死。这刚好验证了曾国藩的说法。

一个人不管做什么，都需要付诸行动，而这行动的背后就隐藏着大量的信息。正是这些信息，给我们提供了认识人心、了解他人性格的最直接依据。

对于平常人而言，一举手一抬足都能反映内心活动。有的人没事的时候喜欢来回走动，有的人喜欢一手托腮，有的人在与人交谈的时候喜欢搓手摸脸，这些都是他们内心活动的外显。

那么，一般来说，动作是怎样反映人的性格和内心活动的呢?

1. 双臂交叉抱胸。

这种动作我们经常能够见到，很多人可能也注意到了，当自己陷入一段无趣尴尬的对话时就会出现这种动作。这个动作是一种表示防御的动作。一般来说，在人比较多而自己又不是很熟悉的场合，人们就会将双臂抱起，或坐或站，这其实就表示该人对周围环境的一种防御。

2. 挤眉弄眼。

大多数时候，人们挤眉弄眼都是受环境所迫，因为不能把自己的想法直接告诉对方，所以不得已才使用这种方式。假如我们在几个人的交谈中间看到一个人在向另一个人挤眉弄眼，那我们就应该知道，很有可能是这段对话中出现了什么问题，对方不想让第三者尴尬，才用了这种办法。

另外，也有人在平常的时候挤眉弄眼。一般来说，这类人都比较活泼，为人比较洒脱，不太遵守即成的一些规矩。

3. 一手托腮。

这是一个表示心不在焉的动作。多数人托腮表明其对眼前的事物缺乏兴趣。比如说陷入一场无聊的对话当中，人们就很有可能托着腮帮子，眼都不知道瞟到哪里去了。

还有一种情况是托腮的人正在思考。如果人们遇到了什么麻烦的问题，也可能会情不自禁地托起腮帮，这类人一般比较有想象力，但是也可能是个不注重时机，脑袋快过手脚的人。

4. 搓手。

相信很多人都有过这样的经历，在一种比较紧张的场合，我们的两只手会不自觉地放在一起搓动。这种行为对应的应该是一个人的紧张情绪，一般下级在上级面前、晚辈在长辈面前经常会做这种动作。

5. 边说边笑。

很显然，一边说话一边笑会让人觉得特别放松。因为对于大多数人来说，笑容都是一种亲和的表现。假如一个人在和我们说话时边说边笑，说明他对我们并不存在很大的戒备心。这种人大多乐观开朗，为人比较热情，他们能够轻松而愉快地面对生活，很容易得到满足。

但是，也并不是说这种人的身上全是优点，如果是在一些比较正式的场合边说边笑，那么就会给人一种不太庄重的感觉。这种人一般都知足常乐，对事业的进取心不是很强。

6. 说话时指手画脚。

有的人说话时一动不动，身体僵硬得就像一块木头，但也有不少人说话时习惯指手画脚。前一种人性格内敛，大多谨言慎行，比较内向。而后一种人则恰恰相反，他们大多感情丰富，喜欢用夸张的动作表现自己的内心。

在正常情况下，这种行为直接跟一个人的性格挂钩。只有那些性格外向、感情充沛的人才会经常出现这种动作。但如果不分场合的指手画脚，那么说明这个人很可能感情充沛得过了头。

7. 摇头晃脑。

我们经常在古装电视剧里看到学子读书背书时摇头晃脑，这种画面会让我们感觉很可笑。其实在我们生活当中也有一部分人在不经意中喜欢摇头晃脑。这种姿势虽然不雅观，但也能反映一个人的性格。

对于大多数摇头晃脑的人来说，他们身上最鲜明的一个特点便是自信，甚至是超强的自信。既然是自信，那说明这类人应该有很强的自我意识，不太会在乎别人的看法和意见，为人处世都是我行我素，怎么舒服怎么来。

但这种人做事一般都很认真，有一股不怕失败的冲劲，如果再加上聪明的脑袋，这类人往往能够成事。

其实，人的动作不只是这些，上面列举的都是一些比较常见的动作。正是因为常见，它们才更能体现共性。在我们与他人交往的过程中，只要细心留意，这些举动很容易就能够被我们发现。有了这些依据，就算我们站在一个人十米开外的地方，我们也能够猜出这个人性格的一个大概，懂了这个人，还怕不好见机行事吗？

言由心生：闻声识人知人心

在现实生活当中，话语是一把双刃剑，说得好可以令人如沐春风，说得不好则可能让人心生厌恶。为什么会这样？因为说话能够反映一个人的某些性情。古人有过一句经典的概括：“言由心生。”一个人说话的方式和内容可以反映他的性情，假如我们想读懂一个人，那么不妨从他的话语入手。

言谈中我们能把握的东西有说话者的语速、说话人的肢体动作、说话内容等。我们可以通过捕捉这些因素，摸透人心，悟出其言外之意。

首先，我们谈谈讲话时语速所反映的一些情况。

按照正常的理解，一个说话速度很快的人很可能是一个能言善辩的人；相反，如果一个人说话结结巴巴，我们很可能会觉得他在反应上比较迟钝，人也比较木讷。一般来说，在正常情况下，一个人说话语速很快，说明他是一个自信，并且有较强表达欲望的人。而一个人假如在正常情况下说话一直很慢，那么说明他是一个谨慎、镇定的人。当然，这里所说的是正常情况，除了这些正常的情况，我们还应当注意的是说话者的一些反常现象。

比如说，心理学家就曾指出："当一个丈夫在外面做了对不起妻子的事时，回家之后他会滔滔不绝地与妻子讲话。"这是一种反常现象，从心理学的角度看，这种情形是因为当一个人的心中有不安或恐惧情绪时，言谈速度便会变快，以凭借快速讲述不必要的事，试图排解隐藏于内心深处的不安与恐惧。但是，由于没有充分的时间冷静地反省自己，因此，所谈话题往往内容空洞。遇到敏感的人，我们便不难窥知其心理的不安状态。

另外，如果一个人平时说话很流利，但是在一次讲话时却显得吞吞吐吐、犹豫不决，那么就说明他可能紧张，这种紧张很有可能是由于犯错或者恐惧引起的。

其次，我们可以从一个人说话时的肢体动作来读懂他的真实想法。

如果一个人在讲话时指手画脚、手舞足蹈，那么这个人很可能有些强势，有时甚至是蛮不讲理。一般长辈对晚辈、上级对下级讲话时都会出现这种情况。

假如一个人在讲话时没有任何的肢体动作，那么这个人对这段谈话感到很拘束，有一些紧张。这很有可能是因为他不熟悉眼前的谈话对象；从另一方面来讲，他可能不是一个擅长交谈或者交际的人。

还有一种肢体动作是需要注意的。我们平时与人交流时会发现这样一种人，他们在与人交谈时时常左顾右盼，或者眼神飘忽。这时候我们就要注意了，因为一个人一般是在没有完全投入一段对话时才会出现上述的身体反应。

除了肢体语言，口头禅也是一个人性格的折射。

现代心理学研究发现，口头禅看似只是一句短语，但实际上它跟一个人的性格、生活经历或者精神状态有密切的关系，甚至可以被看作一个人的性格标志。从这点上来说，口头禅并非是完全随意或偶然出现的，它显示着一个人的心理状态和性格特点。从不同的口头禅里，我们可以大致读懂一个人的真实内心。

1. 喜欢说“老实讲”“真的”“不骗你”的人。

如果一个人在交谈过程中反复强调自己讲话的真实性，那么这个人可能心存忧虑，总是担心别人误解自己。这样的人一般性格有些急躁，内心常常不够平静，他们十分在意别人对自己的评价，所以才会习惯性地强调自己说话的真实性，这样的人一般来说也是比较好面子的。

2. 习惯说“必须”“应该”“必定会”“一定”的人。

这一类口头禅有较强的命令性，经常说这类口头禅的人一般都非常自信，做事情也显得很理智。另外，如果我们的谈话对象在说话时经常说“应该是这样的吧”这一类的话，那么说明他此时并不是很有把握，虽然表面上态度坚决，但其实也拿不准。

3. 喜欢说“据说”“我听人说”“别人说”的人。

这类口头禅的一个最明显的作用就是推卸责任。说这类话的人其实是在试图告诉我们，以下讲出的内容都不是他的原创，只是道听途说，如果错了，那也是别人的责任。

一般来说，爱说这类口头禅的人做事都喜欢给自己留点余地，他们很有可能见识广，知识储量也比别人多，但是往往缺乏自己的判断力和立场。很多处世圆滑的人都喜欢用这一类词语，因为他们时刻为自己准备着台阶。

4. 喜欢说“随便”“我不知道”“你决定吧”的人。

如果我们观察得足够细心的话会发现，喜欢说这一类口头禅的多是一些性格温和、犹豫的人，而且以女性居多。这样的人一般不会在别人面前流露出自己的强烈意愿，但也不能说他们没有立场，他们很可能是不想表现得过于强势。这种人大多中庸处世，不想跟人起争执，性格上可能比较软弱。

但也有人存在选择困难症，如果有人能够帮助他们做出选择，他们可能就不会自己去决定，这样的人一般来说性格是比较被动的。

5. 喜欢说“也许吧”“可能是吧”“大概是吧”的人。

假如一个人经常使用这种模棱两可的口头禅，那么这个人可能时刻在掩饰着自己的真实想法，他们的自我防卫本能特别强，害怕因为说错话而带来不好的影响，所以干脆就不给出一个明确的态度。这种人在为人处世方面一般比较冷静，所以人际关系应该不错。

6. 喜欢说“但是”“不过”的人。

这类口头禅是一种带有转折意味的连词，喜欢这样说话的人其实是为自己留下闪转腾挪的空间，也说明他们在讲话时头脑清楚，条理清晰。一般很多领导在夸奖完下属之后都会说上一句“但是”，这样既能够保存下属的颜面，也能够完整地表达清楚自己的意思。这种人非常懂得照顾别人的心情，不会说太过分的话。

7. 喜欢说“无聊”“烦躁”“没意思”的人。

一个人假如对谈话或者对面前的某些事物不感兴趣，他们就有可能会说这样的话。说这类口头禅的人一般都给人一种颓废和不安分的感觉。这样的人可能不会完全照顾别人的心情，比较自主，有内心的想法也不掩饰，所以性格上比较耿直。

但是，这类口头禅往往也会产生不良的影响，因为听者会从中感觉出一种“颓废”。

总而言之，无论是一个人说话的语速、说话时的肢体语言，抑或是他的口头禅，都是人心的一面镜子。管好自己的“舌头”能让自己少些麻烦，摸清楚别人的“舌头”能够让自己在人际交往中夺得先机。一张巧嘴无疑是重要的，但是一双能够听懂话语的耳朵也是一个人际高手的秘密武器。

兴趣爱好：嗜好折射真性情

一般人都有过参加面试的经历，面试时一般都会带上自己的简历。我们的简历上除了一些个人基本信息，一般还有“兴趣爱好”一栏，网络上的简历模板当中也都有这一栏。我们在填写简历信息时有没有想过，为什么简历上需要这样一栏信息。

答案很简单，因为用人单位想通过这一栏信息更好、更全面地了解面试者。其实兴趣爱好能够反映出人的某些信息。

英国有句谚语：“兴趣是不会说谎的。”一个人将自己的本来面目隐藏得再深，也无法掩饰自己兴趣爱好中流露出的真性情。

看过《史记》的人知道，当刘邦杀入咸阳时，曾想霸占王宫内的财宝美女，但是手下告诉他，想成帝业就必须要舍弃这些。于是刘邦率军秋毫无犯地退出咸阳。后来项羽的亚父范增看到刘邦的表现觉得大为惊讶，他对项羽说："刘邦素来喜欢美女，这次进入咸阳却分毫不取，看来是有帝王之心。"范增这句话还有一层意思，那就是，一个只热衷于财宝、美女的人是不可能成就霸业的。这里说的就是兴趣爱好对一个人性格的反映。

世界上没有两片完全相同的叶子，也没有完全相同的两个人，所以每个人的兴趣爱好都有所差别，而每一种兴趣和爱好所反映的性格也是不一样的。接下来，我们将列举一些兴趣爱好，探讨这些兴趣爱好背后的性格含义。

1. 喜欢运动的人。

喜欢运动的人一般来说都是比较热爱生活、懂得珍惜健康的人。运动不是一天两天的事，它需要长期的坚持，所以假如一个人能够一直将运动习惯保持下去，那么说明他应该是一个有毅力和韧劲的人。

另外，喜欢运动的人一般都比较阳光自信。大部分运动都是人与人之间的互动，所以，喜欢运动的人从来都不是喜欢宅在家的人，他们一般都乐于与人交往，自信心十足。

再细化一点说，喜欢竞技类运动的人，他们对胜利的渴望都非常强烈，这类人一般都会有些争强好胜。与之相反的是，一些人对胜利并不渴望，他们只是单纯地享受运动带来的愉悦感，这类人生活比较随意，对得失的计较也不是很重。

2. 喜欢读书的人。

一般情况下，喜欢读书的人性格大多比较平静，他们能够耐着性子沉浸到一本厚厚的书中，说明他们不急躁、不妄动。这类人一般有着过人的思维能力，因为书本和电影不一样，它能够调动一个人的眼、手、脑，而看电影则更像是一种快餐文化。喜欢读书的人一般也比较聪明。

另外，读书当中也有些个人习惯。比如说在读书之前喜欢快速浏览全书的人，一般都比较外向，他们对结果的期盼特别强，不善隐瞒，喜欢热闹，能够接受新鲜事物。还有的人虽然爱看书，但是对书的保养却做得特别差，看完了随便乱扔，不够爱惜，这类人一般性格随和，不注重外表，生活上可能有些邋遢，却注重精神享受。

3. 喜欢听音乐的人。

有人曾经说过，看一个人是否热爱生活，那就看他对音乐的痴迷程度。一个喜欢听音乐的人一定也是一个热爱生活的人。音乐是一种听觉享受，一般来说，也是一种比较“内向”的享受。因为喜欢听音乐的人大多不是听那些在公共场所播放的音乐，他们有自己的选择类型。而不同的音乐类型反映出的性格也不尽相同。

喜欢听摇滚乐的人一般都比较外向。摇滚乐的主要受众是年轻人，说明摇滚乐是一种时兴的音乐流派，而接受它的人一定是容易接受新鲜事物、充满好奇心的人。而且摇滚乐极具批判意义，所以，一个喜欢摇滚乐的人一般也是一个具有批判精神的人，他们可能比较另类，但是心中有自己的主见，也有自己的一套价值观。

喜欢流行乐的人，属于平凡的随波逐流类型。他们追逐时尚，不是一个传统的人，而且他们也绝对不是那种拒绝与人交流的人，因为他们想时刻保持与这个时代的联系。流行乐的爱好者一般都是内心不够平静，没有什么主见的人。

相反，生活中也有一些人偏爱古典乐，这种人一般思想比较保守，但也很理智。因为他们选择的不是这个时代的主旋律，所以说，他们应当是有自己想法的一群人。

4. 喜欢收集的人。

生活中有很多人是邮票、钞票或者其他旧物的收藏者，如果是因为兴趣爱好而不是投资需要的话，那么这些人一定是怀旧的人，他们容易沉浸在自己的世界当中，对流行的敏感度不够，可能对现实也会存在不满，总觉得过去的东西都是最好的。

但从另一个方面来说，这类人一般都具备十足的耐心和恒心。因为收集工作是一件复杂的工程，不持之以恒就可能功亏一篑。

5. 喜欢记述自己生活的人。

写日记是记述自己生活的一种方式。这类人的生活节奏一般都比较慢，喜欢将自己的过去留下来，作为纪念。但是这类人一般都缺乏与人主动交往的动力，他们更愿意自己一个人独享其乐。在众人面前他们可能没有什么表达欲望，但是内心活动其实十分丰富，有想法也有主见，对目标的坚持能力比较强。

6. 喜新厌旧的人。

我们这里说的喜新厌旧的对象只是物品，而不是人。在人们的传统观念中，喜新厌旧不是一个好的习惯，但这并不中肯，其实喜新厌旧只是一个人的性格反映而已。这类人一般都比较外向，而且对新鲜事物有极强的好奇心。这类人在生活当中可能更注重感官的享受，在消费观念上比较超前，可能不懂得节省开支，花钱会大手大脚。

7. 喜欢宅在家里的人。

这类人现在有一个专属名词——宅男（女）。人们对于宅男宅女有一番定义，他们一般比较内向，不擅长与人打交道，害怕面对复杂的人际关系。这种描述大致上没有问题，但是喜欢宅在家里的人的一个最明显的特点就是缺乏安全感，因为他们缺乏安全感，才会选择待在“家”这个最安全的地方。但是这类人也有性格优势，他们一般都比较安静，与世无争，性格上也多以温和为主。

以上这些兴趣爱好是一些比较大而泛的类型，由于篇幅所限，其他类型不再一一列举。我们不能认为所有的人都可以划入这个分类，这里所说的只是一个大致的情况，供人参考，而不是想让人对号入座。

不过，如果我们能够将这些兴趣爱好所对应的性格弄清楚，会在人际交往当中有所优势，它也能够帮助我们更加全面地去认识一个人，读懂一个人。

起居住行：生活习惯是人心的一面镜子

一个人的生活习惯往往能够反映他的性格。对于普通人来说，大部分生活习惯都是相似的，比如说一日三餐，正常作息，这是一个人保证其生存的基本生活习惯。但除此之外，每个人也都有自己与众不同的一套生活习惯。造成每个人生活习惯不尽相同的原因很简单，一些因素会对生活习惯产生影响，这其中就包括一个人的性格因素。

台湾商人王永庆一生节俭，尽管坐拥亿万资产，却从不奢靡，他对于吃的原则是“简便”。每天早上的公司会议前，王永庆会享用并不丰盛的早餐：牛奶、咖啡和鸡蛋。他喝咖啡的时候有一个习惯，把奶精倒入咖啡后，一定会再倒入些许咖啡到装奶精的小盒子，将残留奶精涮出来再倒入咖啡中，确信没有浪费后，才慢慢地享用。据说，他还有一条已经用了几十年的毛巾，其节俭之风可见一斑。所以很多人评价王永庆性格内敛，从不张扬，这便是从他节俭的生活习惯中读出来的。

除了节俭，还有很多生活习惯能够反映出一个人的性格。

1. 从起居和饮食习惯看人心。

现在有很多人不注重自己的作息，白天工作，晚上就可能到一些酒吧或者夜店消遣，没有正常的作息规律。

一般来说，这样的人做事缺乏目标和计划，对自己的身体也不够爱惜，很有可能是一个享乐主义者。而在吃的方面问题就更严重了，有些人不管油腻辛辣，只要对自己口味就敞开肚皮吃，这种生活方式一方面会对自己的身体产生不好的影响，另一方面也是其缺乏自制力的表现，经不住美食的诱惑。

如果一个人在生活和饮食方面都有正常的规律，那么他可能有很强的计划性，特别爱惜自己的身体，忍受得住辛苦。这样的人在做人方面，也会让人觉得特别可靠。

2. 从乘车的位子看人心。

因为车有不同的大小，所以我们分别陈述。先以火车、大巴、公交车这些大型车辆为例。如果一个人坐这些大车时，喜欢坐在靠窗口的位子，那么基本可以判断他是个性独立的人，注重个人空间和隐私。

如果一个人喜欢坐靠近过道的位子，那么这个人可能是一个自我保护意识很强的人，做事比较谨慎小心，不喜欢受太多外界的束缚。

如果一个人喜欢坐在正中间，那么这个人可能是一个比较合群的人，他们凡事追求顺其自然，不会有太多讲究，性格自然也比较随和。

有的人坐出租车或者轿车时喜欢坐在副驾驶的位子，那么这个人可能有很强的掌控欲，做人做事都非常挑剔。

3. 从一个人打电话时的习惯看人心。

在日常生活中，假如我们跟别人打电话，那当然看不到对方的一些小动作。但是有时候，我们与朋友或者客户交流时，对方因为有事也会接电话，这时，我们就可以通过他打电话的细节来做一下性格判断。

假如一个人在与人通话时，三心二意，还是继续做手头上的事，那么这种人可能性格比较急躁，说话做事都是在争分夺秒。通常他们非常有进取心，无论是工作还是生活，都会认真负责。

假如一个人在与人通话时保持一种舒适惬意的姿态，那么这种人一般性格比较沉稳，做事头脑冷静。有时候可能实际情况并不乐观，但他们却给人一种泰山崩于前而色不变的气势。

假如一个人在与他人通话时习惯信手涂鸦，那么这类人一般都具有丰富的想象力，但是很多时候却不切实际，他们的性格一般都比较乐观、开朗。

有的人在打座机电话时喜欢用手缠电话线，这样的人一般也是比较乐观开朗的。缠电话线的动作其实是一种童年的习惯，这也说明这类人往往很有童心，只不过在正常交往时这种童心不易表露出来，但是内心终归是比较活泼的。

4. 从一个人缓解压力的方式看人心。

现代人的生活节奏一般都很快，每天上班、下班，工作压力也不小。很多人需要缓解压力，每个人缓解压力的方式有所不同。

有的人喜欢通过看电影或者听音乐来放松自己，这种人一般都比较平和，对情绪的把握非常好。

有的人喜欢找人倾诉，无论是朋友、家人还是同事。这类人一般都是对生活现状不满，心中有自己的想法，但是却受制于现实。他们找人倾诉，说明他们有很强的表达欲望，也说明他们性格当中有比较强势的一面。

还有的人会选用一些比较极端的发泄方式，比如说玩一些冒险游戏，如蹦极、坐过山车。这类人一般性格比较冲动，但是对生活却充满了好奇，他们对于压力的缓解其实也是在宣泄自己的一些不满。

还有的人在面对压力时就会烦躁，动不动与人起冲突。这类人一般都比较自我，因为自我的意识很强，所以他们很难弄清楚压力的来源，在处理人际关系方面也不是一把好手，容易结交朋友，但也容易与朋友交恶。

5. 从一个人打发时间的习惯看人心。

生活就是这样，有的时候会让人忙到手忙脚乱，有的时候却让人又闲到心里发慌，如何打发无聊的时间就成了一个问题。

一些人打发时间的方式很简单，看看电影、听听音乐、读读书，也就是说，他们会去做自己感兴趣的事。一般这种人都比较注重精神生活，对生活质量的要求很高，性格随和而且稳重，让人感觉可靠。

还有一些人一有空闲时间就找朋友聚会，这种人一般是擅长交际的人，他们很合群，但是却害怕孤独，所以，他们内心总会隐藏着一些不安。如果朋友们都有事不能陪他，那么就很可能引发一系列的混乱。

如果一个人在空余时间还在工作，那么我们就可以判断这个人对工作非常上心，他应该是一个有着积极工作态度的人，事业心很强，野心可能也很大。他们也有其他优点：能吃苦，也能耐得住寂寞。

以上所列的5个习惯是现代人生活中比较常见的，但并非是全部。总而言之，每个人的生活习惯都会有重叠的地方，但每个人也或多或少存在着差异，这种差异就是一种性格的折射。想读懂人心，那就必须从这些小的细节习惯入手，这些小的习惯是人心的一面镜子。

第二章

想“抓心”，
自己先得有“心”

我们自己如果不花点心思弄清楚一些技巧，那么“抓心”也就成了一句空话。只有先让别人的眼睛里有你，我们才能进入别人的心。别说什么“顺其自然”，人与人的关系需要精心保养。

首因效应：让别人一眼就“喜欢”上你

中国有一句俗语“路遥知马力，日久见人心”，这句话的大意是路途遥远，才可以知道马的力气的大小；经历的事多了，时间长了，才可以识别人心的善恶好歹。虽然这句话并没有什么差错，但在现实生活中，人们似乎还是比较习惯用“先入为主”的方式去对一个人进行评判。

这其实就是所谓的“首因效应”，即人们在首次见面时所形成的第一印象对今后交往关系的影响。它涵盖的内容主要包括对方的相貌、年龄、身材、服装、表情以及姿态等方面。这种初步印象虽然看起来稍显急切、片面和粗糙，但它在人的认知过程中确实起着非常重要的作用。

在古典名著《三国演义》中，有这么一个令读者扼腕叹息的情节：“凤雏”庞统当初准备效力东吴，于是前去面见孙权。

他原本以为孙权会赏识自己的才华，日后会对他委以重任，心里不觉就多了几分得意。没想到，孙权见到庞统相貌丑陋，心中顿生几分不高兴，后来又见他傲慢不羁，更是觉得内心极为不痛快。

因此，即便庞统是一个能和诸葛亮比肩的能人奇才，孙权仍旧不顾鲁肃的苦言相劝，一意孤行，执意要把庞统拒之门外。众所周知，礼节、相貌与才华决无必然联系，但是礼贤下士的孙权尚不能避免偏见，可见打好“第一印象”这张牌对于人际交往有多么重要！

无独有偶，美国前总统林肯也曾因为相貌偏见，拒绝了朋友推荐的一位学识丰富、满腹才华的阁员。当朋友愤怒地指责林肯以貌取人，并说任何人都无法为自己天生的脸孔负责时，林肯却意味深长地说道：“一个人过了四十岁，就应该为自己的面孔负责。”

正所谓：“人不可貌相，海水不可斗量。”虽然林肯以貌取人的做法不值得我们去效仿，但是他所说的话也并非毫无道理。一般来说，一个年过四十的人，已经不像二十出头的年轻小伙儿一样，还能将自己的容貌评一个优、良或差了。这个年纪的人，若论起相貌，基本都站在同一起跑线上，谁也不比谁好看到哪里去，如果还不懂得注意自己的外在形象，那就不能怪他人对自己观感不好了。

要知道，在与陌生人的交往中，无论我们的才华有多么出众，也不论我们的品德有多么高尚，第一印象永远是一个不可避免的存在，人们总会不自觉地把第一印象作为评判交往对象的标准。因此，我们只有打好“第一印象”这张牌，才能让别人更可能地“喜欢”上我们，愿意和我们来往。

美国一项研究发现，当某人看到一张陌生的面孔时，他的大脑在1/10秒的时间内就能形成对陌生人好恶程度的判断。

不仅如此，普林斯顿大学心理学系托多拉夫表示，人类在看到一张陌生的面孔时，完全不用和对方进行任何语言沟通，也不用对方做出什么表情或动作，大脑就会在极短的时间内对陌生人诸多方面的素质、品行做出判断。

在研究中，托多拉夫和他的同事们将一些陌生人的照片分发给200名志愿者，要求他们做出对陌生人喜爱程度、做事能力、性格特点甚至是危险性的判断。研究结果表明，人们确实能在1/10秒内闪电般地形成对陌生人上述内容的判断。

而且不管是用1/10秒时间浏览照片，还是用1秒或1/2秒时间浏览照片，同一志愿者对同一陌生人做出的判断几乎是一样的。托多拉夫说：“我们发现给志愿者看陌生人照片的时间越长，他的大脑就越会肯定最初对这位陌生人形成的判断结果。”

既然在人际交往中第一印象有着如此巨大的影响力，我们又该从哪些方面着手，以便提升自己在陌生人心里的第一印象呢？

一个人的穿着打扮往往是决定第一印象好坏的关键所在。

为什么这么说呢？俗话说得好，“人要衣装，佛要金装”。很多时候，人们都倾向于认为“美好的东西才能让人产生一种愉快的感觉”，因此，我们的穿着打扮一定要力求简单、干净、大方和得体。我们可以想象一下，如果在一个正式场合，碰到了一位衣着随意、不修边幅、邋里邋遢的人，试问，我们还会愿意和他谈笑风生、把酒言欢吗？相反，如果站在我们面前的是一位穿着整洁、大方得体、干净清爽的人，我们会对他抱有好感、另眼相看，有时候甚至会想要和他有一番推心置腹的谈话。

当然，穿着打扮并不只是局限在一个整体的形象，衣着方面的细节之处我们也不能掉以轻心。毕竟，我们不能完全保证所交往的陌生人都只看重整体形象，而不注意细节部分。若是一不小心，我们领带污迹斑斑，衣服领子稍稍泛黄，衬衣一角外露，袜子破了一个洞等，这些小细节都会让我们的形象受损。

另外，服装的颜色也在重点考究的范围之内。虽然不同的人有不同的颜色喜恶，但大体而言，人们都不太喜欢把五颜六色表现在身上的人。因为，五颜六色的潜台词往往是花里胡哨，而花里胡哨的人，往往个性比较叛逆、不靠谱、以自我为中心、不懂得尊重人。

因此，我们选择所穿服装颜色的时候，最好尽量选一些看起来比较知性、柔和、传统、大方、纯净的颜色，它们能帮我们塑造一个容易被陌生人接纳的良好形象。

一个和你会面的人往往自觉或不自觉地根据你的衣着来判断你的为人。”大方得体的穿着打扮，就像我们的“第二肌肤”，如果我们能够用心对其予以周全的照顾，它自然会回馈我们一个富有魅力的气场，让我们的人际交往之路呈现出繁华景象，也让大部分的陌生人对我们“一见钟情”。

微笑效应：抵达陌生人心灵的通行证

世界上有一种花儿，没有娇艳动人的模样，也没有芬芳四溢的香味，却别有一番风韵，它所到之处无不氤氲着一股浓浓的温暖、亲切和善意。它的名字就是“笑花”，它以一种“无声胜有声”的姿态完胜一切言语，只需嘴角轻轻往后上扬一个小小的幅度，我们很可能就能以迅雷不及掩耳之势，成功攻下陌生人的心防，抵达他们的心灵深处，获得他们的青睐。

众所周知，世界上有许许多多的纪念日，比如“国际妇女节”“世界地球日”“世界无烟日”“国际护士节”等，但是纪念人类行为表情的节日只有一个，那就是 5 月 8 日的“世界微笑日”。

小小的微笑，竟然还会有一个专门的世界纪念日，足见它的魅力之大以及得人心之深！

和陌生人初次打交道的时候，如果我们始终面带微笑，那么很快就能拉近双方的距离，让对方感受到我们是友善真挚的人。不仅如此，由于我们微笑，对方可能会觉得他自己是一个受到别人欢迎的人，而能够得到别人的认同，对于任何一个人来说，都是一件值得高兴的事儿。

对于很多商家来说，微笑是一种强有力的竞争手段，让顾客有一种宾至如归的感觉。其中，又以美国“旅馆大王”希尔顿的“微笑服务”最引人称赞。

1919年，希尔顿把父亲留给他的12000美元，连同自己挣来的几千美元投资出去，从此开始了他野心勃勃的旅馆经营生涯。

当他的资产奇迹般地增值到几千万美元的时候，他立马回到家里，把这个让他既欣喜又骄傲的消息分享给了母亲。

可母亲似乎有点波澜不惊，这让他始料未及。“依我看，你跟以前根本没有什么两样……事实上你必须把握比5100万美元更值钱的东西：除了对顾客诚实，你还要想方设法使来希尔顿旅馆的人住过了还想再来住，你要想出一种简单、容易、不花本钱却行之久远的办法去吸引顾客，这样你的旅馆才有前途。”

母亲的忠告让希尔顿如坠云雾，究竟什么方法才具备母亲所说的“简单、容易、不花本钱却行之久远”这四大条件呢？

他绞尽脑汁，百思不得其解。于是，他开始频繁地逛商店、串旅馆，以自己作为顾客的亲身感受，得出了一个准确的答案——微笑服务。

只有它才实实在在地同时具备母亲提出的四大条件。从此，希尔顿开始实行微笑服务这一独创的经营策略。每天他问服务员的第一句话是：“你对顾客微笑了没有？”他要求每个员工不论如何辛苦，都要对顾客展示自己最真诚的微笑。

即使处于经济危机这样萧条的环境里，他也经常提醒旅馆的工作人员：“万万不可把我们心里的愁云摆在脸上，无论旅馆本身遭受的困难如何，希尔顿旅馆服务员脸上的微笑永远是属于旅客的阳光。”

微笑确实如同阳光，它总是能带给陌生人温暖，希尔顿旅馆的员工，时时刻刻做到了“笑脸迎人”，使得旅客对他们产生一种谦卑、宽厚、亲切、平易近人的良好印象，从而大大地提升了希尔顿旅馆的知名度。

为了满足顾客的要求，希尔顿旅馆除了到处都充满着迷人的微笑，在组织结构上，也尽力创造出比较完整的系统，以便旅馆成为一个综合性的服务机构。

因此，希尔顿旅馆除了提供完善的食宿，还设有咖啡厅、会议室、宴会厅、游泳池、购物中心、银行、邮电局、花店、服装店、航空公司代理处、旅行社、出租汽车站等一整套完整的服务机构和设施，这使得到希尔顿旅馆投宿的旅客，真正有一种宾至如归的感觉。

当希尔顿再一次询问手下的员工们“你认为还需要添置什么”时，员工们想破了脑袋，也想不出饭店还需要什么。此时，他突然笑着说道:“还是一流的微笑！如果是我，单有一流设备，却没有一流服务的饭店，我宁愿弃之而去，住进虽然地毯陈旧，却处处可见到微笑的旅馆。”

日本著名的松下电器公司的老板松下幸之助曾说：“以笑脸相迎，就是有偿服务。”简简单单的一个表情，只要我们发自真心，就能在嘴角荡漾起一朵温暖的“笑花”。一来，它不需要耗费我们一丁点时间、精力和成本；二来，它能迅速让陌生人对我们心生好感。如此，我们为何非要板着一张面孔、面无表情地对待陌生人，而不是微笑相待呢?

人与人之间的沟通，原本就建立在彼此真诚相待的基础上。当我们因为陌生感而对彼此设下严重的心理防备时，微笑就成了双方进行良好沟通的稳固桥梁。它就像一个神奇的魔法师，当我们对别人展露微笑的时候，别人就会感到心情舒畅、备受重视，从而回赠我们一个温情脉脉的微笑。我们都在微笑中感知彼此内心的善意和诚挚，然后不熟悉感所造成的冰雪天地便会悄悄融化。

如果我们还没有向陌生人时刻展示微笑的习惯，那从现在开始，我们就要努力对着镜子练习，时刻注意调整嘴角上扬的幅度，让笑容变得自然又美丽。让我们尽情地释放最自然也最温暖的笑容吧，让我们的微笑像一束灿烂的阳光一样，一路畅通无阻地抵达陌生人的心灵，给予他们最渴望的温暖，同时也为我们自己赢得宝贵的人心。

亲密效应：话中没“我”只有你

与陌生人打交道，在彼此互通完姓名之后，很多人都会有这样的感觉：想说的话总是如鲠在喉，无法轻易说出口。这是因为我们一点也不了解对方，不清楚他的性格、生活习惯以及兴趣爱好等，再加上时间的限制，我们压根就没有办法去打探这些信息，只能硬着头皮继续交谈下去。

在交谈的过程中，有的人总是情不自禁地将话题锁定在自己的身上，比如“我的花园”“我的家庭”“我的孩子”“我觉得”“我认为”等。几十分钟下来，“我”字充斥了对话的全过程。要是偶尔停下来，仔细看一下对方的脸色就会发现，对方是有多么厌恶这场有“我”没“你”的“个人脱口秀”！

有一个有趣的笑话：一位年轻的剧作家兴致勃勃地跟女朋友谈论自己的剧本，足足谈了两个小时后，他说道：“有关我已经谈得够多了，现在来谈谈你吧。”

女朋友听了他这话，终于松了一口气，他总算愿意听下她的故事了。可还没等她高兴完，剧作家接下来的一句话，又差点让她陷入崩溃的境地，“你认为我的剧本怎么样？”

虽然这个故事只是一个笑话，但我们也应该能从中得出一个结论，那就是谈话切忌以自我为中心。福特汽车公司的创始人亨利·福特的孙子亨利·福特二世曾说：“一个满嘴‘我’的人，一个独占‘我’字、随时随地说‘我’的人，是一个不受欢迎的人。”在人际交往中，与熟人交谈尚且忌讳以自我为中心，和陌生人说话，自然更要避免“我”字的频繁出现，否则只会招致对方的反感和不悦，白白丧失一个潜在的好朋友或生命中的贵人。

那么，我们到底应该选择哪些话题作为开口交谈的内容，才能引起对方的兴趣，使得其对我们一见如故，并且愿意和我们不断交流下去呢？

对此，我们不妨借鉴一下美国著名记者芭芭拉·沃尔特斯的一段经历。

芭芭拉·沃尔特斯初遇美国航空业界巨头亚里士多德·欧纳西斯时，他正与同行们热烈讨论着货运价格、航线、新的空运构想等问题，沃尔特斯压根就没法插上一句话。

在大伙儿共进午餐的时候，沃尔特斯突然计上心来，趁大家谈论业务的短暂间隙，她抓住机会赶紧提问：“欧纳西斯先生，您在海运和空运方面都取得了伟大的成就，这是令人震撼的。您是怎样开始的？当初您的职业是什么？”这个话题一下击中了欧纳西斯的心房，热衷于谈论自己的他，立即把视线聚焦在沃尔特斯的身上，同她侃侃而谈起来，动情地回顾了自己的奋斗史。

沃尔特斯无疑是一个深谙人性的奇女子，她清楚地知道，人们永远对自己最感兴趣，最为关注的也大都是自己。因此，她若想博得欧纳西斯的注意力，就必须时刻以对方为谈话的中心，只有这样，欧纳西斯才会兴致勃勃、激情昂扬地投入这段交谈中，越说越兴奋，越说越对她产生好感。至于如何才能做到“以对方为中心”，关键还在于提问时有“你”没“我”。如果不信，我们可以细心观察一下沃尔特斯的提问，在这接近五十字的问题中，一个“我”字都没有出现，频繁出现的字眼都是“您”，即欧纳西斯本人。

每个人一生中都在寻找一种存在感和被重视感，如果有人愿意认真听我们讲话，愿意谈论和我们有关的话题，或是我们感兴趣的话题，并时不时地予以肯定和赞扬，我们一定会感到幸福，这种幸福最后当然也会惠及和我们交流的那个人，至少，那个人绝对会赢得我们百分百的注意力和喜欢。

看过小说《追风筝的人》的人，应该对哈桑这位小说中的重要人物颇有感触。在那个普遍信奉“人不为己，天诛地灭”的世界，哈桑的出现和所作所为绝对称得上一个奇迹。哈桑是一个仆人，他与少爷阿米尔从小一起长大，两人感情甚笃，可阿米尔远不及哈桑善良和忠诚。

不管阿米尔对他做了什么丧尽天良之事，哈桑始终一如既往地守护他，维护他，爱护他，那一句“为你，千千万万遍”，不知让多少人泪流满面，感动不已。

其实，与陌生人打交道，最好的交往法则莫过于哈桑的那一句“为你，千千万万遍”。虽然我们很难具备哈桑这种处处为人考虑的圣洁品质，但我们完全可以在交谈中做到有“你”没“我”。

永远不要觉得将谈话的中心拱手让与他人是多么吃亏的一件事。要知道，我们与陌生人交谈的目的，并不是将自己的故事说给对方听，满足自己的表达欲望，而是从对方所说的话语里，尽可能地去捕捉更多有关于他的信息。因为只有这样做，我们才能识得人心，为下一次的沟通提前做好功课，也只有这样做，我们才能避开人性的盲区，收获更多的朋友。

无可否认，人们总是对自己的家乡、工作、家庭、梦想表现出相当浓厚的兴趣，我们只要对这一点了若指掌，以后不管和谁来往，都会不自觉地以对方为谈话的中心，最后在有“你”没“我”的亲密沟通氛围中，成功地俘获对方的心，为自己积累丰厚可靠的人脉资源！

温水效应：太热情招人嫌，太冷漠招人厌

撇开云南昆明那种四季如春的城市不说，中国大部分城市都是四季分明的，尤其是南方的城市，比如说长沙，夏天温度高得要热死人；冬天气温却低得要冻死人，晚上就算盖几床棉被，手脚还是不停地冒寒气。

可想而知，如果有人问起：“你最喜欢哪一个季节？”大部分人会一脸厌恶地避开夏冬两季，给出的答案是春季或秋季。

中国有一个成语叫“过犹不及”，把它用在人们对季节的偏好和评价上，实在是再合适不过了。夏天就好比一个热情过度的人，它提供给大众的温度已经超过了保暖需求的最高上限，让人因温度过高而产生不舒适感；而冬天，则像一个不苟言笑的冷漠之人，它浑身上下散发出来的阵阵寒意，让人们犹如活在一个冰雪世界。

因此，在人们的心目中，最好的季节必须同时满足两个条件：第一，不能太热；第二，不能太冷。唯有在冷热之间取一个中间值，温度适宜的季节才最得人心。

其实，人际交往也是这么一个理儿，与人打交道，我们务必要遵循“温水效应”。尤其是在陌生人或是自己不太熟悉的人面

前，如果我们表现得过于热情，势必会招致对方的嫌弃；反之，如果我们表现得太冷漠，同样也会招来对方的厌恶。与人来往，时不时地试一试水温，我们才能拿捏好温度，免得到时候烫伤别人或是冻伤别人还不自知！

心理学家霍曼斯就曾指出，人与人之间的交往本质上是一种社会交换，这种交换和市场上的商品交换所遵循的原则是相似的，即人们都希望在交往中得到的不少于所付出的。如果得到的大于付出，也会令一些人的心理失去平衡。

相信很多人都听过“滴水之恩，当涌泉相报”这句古话，这里边其实存在一个“回报要大于得到”的关系，施恩者或许不求回报，可受恩者一般都做不到“雁过无痕”，在接受对方的“滴水之恩”后，他们总会绞尽脑汁去回馈一次“涌泉相报”。

细细想来，这种做法无疑是为了使彼此的关系保持平衡，毕竟亏欠别人的感觉总是不太好受的，如果有机会偿清这份恩情，何乐而不为呢？当我们表现得太过热情，让对方感到无法回报或没有机会回报时，愧疚感和不平衡感可能会让受惠的他们选择疏离我们，甚至是厌恶我们。

当然，与人来往不能表现得太过于热情，并不是说我们要板着一张包公脸，对别人敬而远之，冷漠待之。因为我们表现出来的冷漠疏离，会严重挫伤对方的自尊心，让对方误以为我们是一个孤芳自赏、傲慢无礼、目中无人的“冷面人”。

正所谓：“敬人者，人恒敬之；爱人者，人恒爱之。”一个没有丝毫亲和力的人，在这个世界上注定要成为一座与世隔绝的孤岛，唯有展现出适度的亲和力与热情，我们才能融化人与人之间的隔膜和心理防备，为自己赢得更多的支持者。

英国政治家玛格丽特·撒切尔夫人就是这样一个似温水般的人。

在大选来临之前，撒切尔夫人所在的保守党面临着一个难题，他们不知道该如何制止颓势。这个时候，撒切尔夫人提出了一个让人信服的办法，她笑着说道：“我们只有一个办法，那就是走出去，到选民中去，这样就会获得最终的胜利！”

决定走亲民路线的撒切尔夫人，每天都在大街上东奔西跑，走家串户，她一会儿在这家小坐一下，随意地和房东聊聊天；一会儿又同那个握握手，或向坐着扶手椅的人嘘寒问暖；一会儿又到商店询问商品价格……大部分时间，她总是带着秘书跑来跑去。每逢午饭时，他们就到小酒店和新闻发言人以及委员会的其他成员一起喝啤酒。然后，她又去握更多的手，接见更多相识过的人，参加各种集会发表演讲。

就这样，撒切尔夫人在民众面前展示了她热情、温暖、亲切、友善的一面，身体力行地赢得了越来越多的拥护者，为日后的首相竞选打下了坚实的群众基础。

西方有这么一则寓言故事：在寒冷的冬天里，两只刺猬要相依取暖，一开始由于距离太近，各自的刺将对方刺得鲜血淋漓，无论谁都睡不安宁。于是，两只刺猬就离开了一段距离，可是又冷得难以忍受，它们只好重新抱在了一块。就这样折腾了好几次，后来，它们调整了姿势，彼此拉开了适当的距离，不但互相之间能够取暖，而且还能保证不会被扎，很好地保护了对方。

其实，“刺猬法则”和“温水效应”有着异曲同工之妙：距离太近，就好比热情过度；距离太远，就好比冷漠过度。人际交往最忌讳的就是这两点，我们若想和他人保持一种亲密又不失自我空间的平衡关系，就得学一学刺猬取暖的做法，释放出足够热情和温暖的同时，也给彼此的心灵留一点可供回转的余地。不冷不热，不近不远，彼此才能自由畅快地呼吸。

20/80 法则：话说少点反而能加分

古时候，有一个小国的使者来到了某大国，他向该国当时的朝廷进贡了三个一模一样的金人，这可把皇帝高兴坏了。可是这小国的使者并不厚道，他对皇帝说，若想得到这三个价值连城的金人，就必须回答一个问题：“这三个金人，哪一个最有价值？”

皇帝想了许多办法，他请来珠宝匠对这三个金人进行检查，称重量、看做工，可珠宝匠的检查结果显示，这三个金人一模一样，价值自然也相等。皇帝一下子慌了，这下可怎么办才好呢？本国乃泱泱大国，他若是给不出一个正确答案，只怕那位小国的使者会瞧不起自己！最后，有一位退位的大臣毛遂自荐，说他有办法判断哪个金人最有价值。于是，皇帝连忙将使者请到大殿，只见大臣胸有成竹地拿出三根稻草，分别插在三个金人的耳朵里。

这时，惊人的一幕出现了，插入第一个金人耳朵里的稻草，从另一只耳朵里出来了；插入第二个金人耳朵里的稻草，直接从它的嘴巴里掉出来了；而第三个金人，稻草插进耳朵后，就掉进了肚子里，什么动静也没有。

大臣满是自信地说道：“第三个金人最有价值！”使者默默无语，答案正确。

这个故事告诉我们，最有价值的人，往往不是最会能言善道的人，或许我们之所以两只耳朵一张嘴巴，就是为了让我们多倾听少说话。一个善于倾听的人，其实就好比一个肚子里能撑船的智者，在说话滔滔不绝的人面前，他能安安静静地容纳对方所有的心声，甘做一片沉静的绿叶，尽力衬托红花的娇艳。

生活中，很多人并不愿意放弃表达自己的权利，在他们看来，说话不仅能让自己摆脱空虚寂寞的煎熬，还能在人际交往中夺得先机，处于主导地位。这无异于一种话语权，人人都想将其据为己有。因此，很多人都不甘心封住自己的嘴巴，静下心来，好好听别人说一说他们的故事。

而古人曾云："听君一席话，胜读十年书。"从这句话中，我们不难看出，善于倾听的人才是最大的赢家。至于那些光说不听的人，他们争先恐后地抢夺人际交往的话语权，喋喋不休地说个不停，到头来，终究还是一无所获。因为他们无法从别人那里获得更多有用的信息，也无法正确地认识他人，甚至还有可能因此毁掉自己在他人眼中的形象。

如果我们能在与人交谈的过程中，妥善地分配好自己的时间，时刻谨记20/80 法则，努力把80% 的时间用在倾听对方说话上，剩余20% 的时间用在和对方的互动上，那我们也不愁当不好一名合格乃至优秀的倾听者。

当我们认真倾听别人说话的时候，对方会认为我们尊重他、理解他，这种认知有利于增进彼此之间的感情，使得谈话进行得非常愉快。不仅如此，对方还会暗暗地在心底为我们定下一个较高的分数，而我们也因此收获一份人心，并了解到重要的信息，或讨教到有用的经验。

由此可见，倾听确实是一门艺术，我们可以毫不夸张地说一句，善于倾听是建立良好人际关系的诀窍之一。

接下来，着重介绍一下有关倾听的技巧。

1. 鼓励对方先开口。

在一场谈话开始之前，我们主动鼓励对方先开口，可以降低谈话中的竞争意味。同时，我们展露出来的倾听姿态，还有助于形成开放和自由的气氛，这有助于彼此交换各自不同的看法和意见。

另外，当别人率先表达自己的观点时，我们就有机会在说话之前，掌握彼此意见的一致之处，以便在接下来的谈话中投其所好，一语勾心。

2. 努力把注意力集中在对方所说的话上。

倾听不是一个单调的姿势，我们在倾听对方说话的时候，必须同时运用自己的耳朵、脑和心，把注意力集中在对方所说的话上，努力理解他的言语和情感，避免走神分心。

不仅如此，我们还要尽可能地和对方保持眼神接触，让对方意识到我们有在认真听他说话，他并非在跟一个心不在焉的人交谈。

3. 不要以沉默代替倾听，适时的互动必不可少。

有些人在与人交流的时候，不管对方说了些什么，他总是面无表情，闷不吭声。这种沉默的回应往往会让气氛陷入尴尬之中，我们一定要尽量避免此类情况的发生。当我们对别人所说的话，适时地给予回应时，对方会觉得我们十分享受这段谈话，他的心情自然也会因此变得更加愉悦。

举个例子，当对方说他自己买的房子就在海边时，我们可以语带羡慕地说上一句："你说你住的房子就在海边？哇，你实在是太幸福了，我想那儿的空气一定非常清新！"有互动的谈话，就像一汪活水，它能摆脱死气沉沉的谈话气氛，让彼此的交谈充满活力和趣味。

4. 多做喜鹊，莫做乌鸦。

在一场谈话中，每个人都希望对方能对自己持有称赞的态度，这种称赞的态度可以来源于夸赞的话语、频繁地点头以及时刻保有的微笑。

因此，当我们像喜鹊一样为对方送去积极正面的称赞时，对方心里会跟乐开了花儿一样，表达起自己的想法也将越来越精准。反之，如果我们总是呈现出一副极为不耐烦、唉声叹气或是愁眉苦脸的模样，对方可能会对我们心生敌意，不愿意再继续跟我们多讲下去。

英国管理学家威尔德曾经说过："人际沟通始于聆听，终于回答。"倾听是人际关系的基础，我们一定要把80% 的时间花在"听"上，不光是用耳朵去听，还得用心去听。没有积极的倾听，也就没有有效的沟通。

相似效应：“共同点”是感情中的一块方糖

人们常说：“道不同不相为谋。”这句话的意思是，如果两个人的意见或志趣不同，就没有办法在一起共事。其实说到底，还是一个“相似点”在作怪，我们在人际交往中，总是更加倾向于选择和自身有相似之处的人打交道、做朋友。

心理学家曾做过一个试验，他们选了一组条件相似的男大学生，让他们住在同一个大屋里，然后，又选了一组条件不相似的男大学生，让他们住在另一个大屋里。

试验结果显示：条件相似的那个房间里的男大学生们，关系变得很密切，彼此成了好朋友；而条件不相似的那个房间里的男大学生们，关系则很平常，彼此很难成为好朋友。

这个试验的结果，应该是“道不同不相为谋”的一个较好例证。它告诉我们一个事实，相似性是人际吸引中的一个关键因素。彼此相似的人，总要比毫无共同之处的人容易进行良好的沟通，他们很少会因为意见传递的困难而造成误会和冲突，即便两个人是初次见面，一旦他们发现了彼此的共同之处，很快就会产生一种“相见恨晚”的亲切感。

说到这，也许有人会在一旁语带不满地嘀咕几句：“那要是两个人没有什么共同点，又该怎么办呢？难不成大眼瞪小眼，在原地兜圈干着急吗？”

众所周知，世界上并没有两片完全相同的叶子。但我们不能否认的一点是，它们都是叶子，即便达不到“一模一样”的标准，它们还是有不少共同之处。

叶子如此，人也不例外。只要我们足够细致，就能找到彼此的共同点。比如，一位满腹才华的教育专家和一位普通的建筑工人，从表面上看，两者似乎没有什么共同之处。但是，如果这位建筑工人刚好是一个初中生的家长，那么，两个人完全可以就如何教育孩子交流各自的看法；如果这位教育专家正好想要在乡下盖一栋小洋楼，那么，两个人又可以就如何选择装修材料等进行沟通。

其实，很多时候，我们之所以会困扰于找不到共同点，是因为和我们打交道的那个人，刚好是一个素不相识的陌生人。而人对于未知的人或事，又总是有一定的恐惧，别说寻求共同点拉近彼此的关系了，关键时刻可能连一句像样的开场白也说不出来。

这个时候，我们就必须掌握一些挖掘共同点的诀窍了，只要有正确的方法做指引，我们就能顺利克服内心的恐惧和迷茫，大胆地朝着既定的目标走去。

1. 从外表上找到共同点。

我们若想对一个人的兴趣爱好、个性特征、心理状态等有所了解，最快捷的方法莫过于仔细端详他们的表情、穿着打扮以及言行举止。因为这些外在的东西多多少少都会透露出一些蛛丝马迹，以便我们在最短的时间内了解到对方的一些简单信息。

曾经有一个年轻人在搭乘火车的时候，遇到了一位长相精致的女孩，他很想跟女孩搭讪，却苦于找不到合适的理由。就在他冥思苦想之际，女孩突然从随身携带的包里掏出了一本微微泛黄的书，随即津津有味地阅读起来。

年轻人眼尖，同样酷爱阅读的他，立马瞧出这本书是王小波的杂文集《沉默的大多数》。于是，他试探地问道：“美女，你之前有没有看过王小波的小说《青铜时代》？”

听到“王小波”这三个字，女孩就像被施了魔法一样，她果真如年轻人所愿，放下了手中的书本，开开心心地和他聊了起来。

“看过，看过，我还看过他写的《绿毛水怪》呢！他真像是一个浪漫有趣的骑士，你也喜欢他么？”女孩说这话的时候，两眼闪烁着璀璨夺目的光彩，一时间，年轻人不禁看呆了。

“我是他的作品爱好者，他所有的小说，我基本都看过。你手上这本《沉默的大多数》，我都不知翻过多少遍了。”于是，两个人越聊越起劲，等到分别时，彼此还留下了各自的联系方式。

2. 以话试探，捕捉共同点。

两个人第一次见面时，为了打破沉默的局面，总有一方需要先开口讲话。此时，我们可以主动向对方打招呼，询问对方的姓名、籍贯、身份等，以便掌握其基本信息。当对方愿意给予我们回应的时候，我们不妨仔细听听对方的口音，把握他说话的方式和内容，捕捉彼此的共同点。

举例来说，有两位老人坐在公园的长椅上，彼此互不相识。其中一位年纪稍小的老人，和善地问道："老大哥，你是附近小区的居民吗？"

"不是，我儿子住在那个小区里，我和老伴从山西过来给他带孩子，你也住在那个小区里？"

"我跟你一样，儿子媳妇工作忙，接我们过来给他照看一下孩子。"

经过一番言语试探，年纪稍小的老人终于找到了两人的共同点。经了解，他们的孙子竟然还是同班同学，于是，两个人的关系变得越来越亲密，还经常去彼此家里做客。

3. 揣摩谈话，探索共同点。

有时候，我们想认识某位陌生人，可却没有面对面交流的机会，这时不妨留心对方和别人的谈话，然后从他们的谈话中获取重要的信息，探索彼此的共同点。

在安徽一家百货商场里，一位工程师在结账的时候对收银员说道："麻烦你把那张票据给我看一下。"当他说到"那张"两个字时，明显带着长沙口音。

旁边一位在安徽工作的长沙人听了工程师的话，也照葫芦画瓢地说了一句相同的话。正忙着塞东西进购物袋的工程师听到熟悉的乡音，连忙抬头看了看对方，嘴角立马扬起了一抹微笑！

两个人买了各自要买的东西后，一边往外走，一边热情地攀谈起来。他们不仅聊彼此的老家，还聊眼下的工作，话匣子一打开，就再也收不住了。

古人曾说：“酒逢知己千杯少，话不投机半句多。”其实，知己固然难求，但是若想做到一语勾心，也并不是什么天大的难事。和陌生人打交道时，只要我们能仔细寻找彼此身上的共同点，就像是在双方的感情和关系中加入一颗小小的方糖，可以让彼此间的交谈越来越尽兴，越来越投机。

缺点效应：小缺点更招人爱

完美通常都意味着“不真实”，一个完美的人出现在众人面前，往往显得过于无瑕和纯洁，让人无法与其亲近。

正所谓：“木秀于林，风必摧之；堆高于岸，流必湍之；行高于人，众必非之。”因此，从某种程度上来讲，完美其实是另一种缺陷，一个完美无瑕的人，就算没有犯什么错误，也可能会平白无故遭人嫉恨，最后被人敬而远之。俗话说，“金无足赤，人无完人”。

和人打交道时，我们不妨故意暴露一些小缺点，尤其是无关痛痒的小缺点。当然，我们显露出来的缺点绝不可致命，也不能是我们真正的短处，只可以是推杯换盏、倾心交流时谈起的余兴节目，和人套近乎绰绰有余，对方若想以此要挟则绝无可能。

一家咖啡厅准备开设第二家分店，咖啡厅老板急需招聘一位新店店长。由于这是他们在新的地段开设的第一家咖啡厅，老板对新店店长的素质和能力要求自然相当高，他希望新店店长能独当一面，全面负责这家咖啡厅的正常运营。

可想而知，如此重要的面试，肯定不能交给一个人去处理。咖啡厅老板和第一家分店的店长齐齐上阵，准备严格把好招聘这一关。

面试当天，一共来了四位应聘者。第一位应聘者是个非常出色的成功人士，她之前就涉足过咖啡厅这一行，还曾在本市两家著名的咖啡厅担任过店长。拥有丰富经验的她，肯定能很快上手新店店长的日常工作。在接受面试的时候，她的神情非常平静，颇有“泰山崩于前，喜怒不形于色”的女强人气势。不仅如此，她在回答问题时所展现出的谈吐也相当不俗，十分自信，毫不怯场。

第二位应聘者也是一位非常优秀的成功人士，她的从业经历几乎和第一位应聘者别无二致，也曾在工作上取得过不小的成绩。不过，她在做自我介绍的时候，表现得有点羞涩和紧张，后来还不小心碰翻了桌上的水杯，把自己的衣服给弄湿了。

第三位应聘者是一个毫无经验的普通应聘者，她既没有多少拿得出手的工作经历，也没有多少出彩的个人发言。不过，整个面试下来，她和第一位应聘者一样，没有表现出任何紧张的情绪。

第四位应聘者同样是一个非常普通的应聘者，她的基本情况和第三位应聘者差不多，只不过，她表现得有点紧张，和第二位应聘者一样，她也打翻了桌上的水杯。

咖啡厅老板和第一家分店的店长会更加青睐哪一位应聘者呢？

按照正常的逻辑来推测，他们应该会首先排除第四位应聘者。原因很简单，第四位应聘者的条件最差，而且她还在面试的过程中打翻了一杯水。如果这么说的话，第一位应聘者才是最合适的新店店长人选，因为她的自身条件和第二位应聘者并列第一，除此之外，她的临场表现也完美无缺，明显胜过打翻水的第二位应聘者。如此结合来看，新店店长的职位应该非她莫属。

可奇怪的是，咖啡厅老板和店长不约而同地把手中的票投给了第二位应聘者，觉得她才是最合适的新店店长人选。

为什么会出现这种出人意料的结果呢？这其实就是所谓的“暴露缺点效应”。

对于一个德才俱佳的人来说，适当地暴露一些小小的缺点，非但不会使自身的形象受损，反而会让人们对他喜爱有加。

第二位应聘者在面试的过程中不小心打翻了一杯水，这小小的失误粉碎了她看似完美无缺的优秀条件，让咖啡厅老板和店长觉得她是一个好相处、真诚、值得信任、可爱又可敬的普通人。

而第一位应聘者，一直表现得完美无瑕，他们从表面上根本看不到她的任何缺点，反而会让人觉得不太真实，不敢对她予以宝贵的信任。

其实，这种现象在生活中并不少见。人们往往都喜欢跟身上稍有缺点的人做朋友，归根结底是人们总是拿自己跟身边的人做比较。

常言道："水至清则无鱼，人至察则无徒。"与其将自己打造成一个看似完美的人，高高在上，还不如放下身段，放低要求，暴露缺点，做一个真实的自己，贴近人心。

至于如何暴露缺点，这其实并不是什么难事，我们可以在和别人聊天的时候，有意无意地告诉对方我们身上有哪些小毛病，同时还要表现出自己因为这些小缺点而烦恼苦闷过。不完美的东西总是让人感觉更富有人情味，所以，没必要把自己打磨得光洁无瑕，要学会让更多的人走近你。

第三章

拨开“暗语”后的面纱

“暗语”古往今来都有，人人都有自我保护心理。人际交往中充满了各种微妙陷阱，想绕开这些陷阱就必须练就一双“利耳”。别人嘴上说“东”，心里可能想“西”，“好”字后面也许藏着“坏”，“千真万确”的话里可能藏着另一个版本，如果没听明白，倒霉的最终会是自己。想要明白别人的个中意思，那这话就不能只是过一遍耳，也得从心上走一遍。

陌生人的“暗语”是一道测试题

很多人都有过这样的感觉：人们对自己越亲近越熟悉的人，越是没有耐心和包容心，总是肆无忌惮地发脾气，无理取闹。从心理学的角度来解释，根源还是出在“安全感”上，我们对自己亲近熟悉的人，通常有一种十足的安全感，内心确信他们不会因为我们的乱发脾气和无理取闹而抛弃我们，不理我们。

然而，这种安全感囊括的范围毕竟小得可怜，世界之大，我们每天都要接触形形色色的陌生人，他们可不会像亲近的朋友和家人那样，去包容我们的无理取闹和口出恶言。因此，和陌生人打交道，要比和熟人打交道难多了，我们的一言一行和一举一动都要三思而后行，否则，一个不留神，陌生人就可能捕捉到我们眼神中一闪而逝的不耐烦，从而对我们心生不满和反感，不愿意再和我们有进一步的接触和交流。如果这个陌生人的身份和地位非比寻常，又或是他对我们的工作和生活有着许许多多的帮助，那我们可能会因此而错失一位非常重要的朋友，我们的工作和生活也可能会因此陷入巨大的窘境。所以，和陌生人来往，我们一定不可以掉以轻心，免得因小失大，得不偿失。

和陌生人打交道，言谈举止上与和熟人打交道是有很大差别的，那我们究竟该怎样做才能打破对方的心理防备界限，使其敞开心扉，和我们进行一场真诚、友善且言之有物的交流呢？陌生人不同于熟人，很多时候，碍于彼此生疏的关系，他们可能会选择采用暗示的方法来传达自己的真实心声，其中又以“暗语”为最常见的手段。这个时候，我们可不能光用耳朵去听他们所说的话，也不能片面地去理解他们所说话的字面意思。

要知道，陌生人所说的“暗语”往往没有想象中那么简单，它就好比一道交友测试题，如果我们参透不了个中奥妙，就给不出他们想要的正确答案，自然也就没有办法成为他们心目中的知音人。而成不了知音人的后果，陌生人可能就没兴趣再和我们继续交谈下去。想当年，俞伯牙摔琴，不就是因为痛失知音钟子期吗？连知音人都没有了，要这破琴又有何用，最后不过落得个“知音少，弦断有谁听”的寂寥境地罢了。

反之，如果我们足够用心，努力去解读那些看似难懂的交际符号，最后成功地破解陌生人嘴中设有密码的“暗语”，那我们可能就能长驱直入，攻陷陌生人的心灵城堡。

那陌生人究竟有哪些“暗语”呢？

比如，某个周末的早晨，我们在某公园碰到一位正在散步的陌生人，听周围人说起，此人刚好是某家知名公司的人事主管，而此时的我们，正好在为自家大学毕业没多久的孩子寻一个好工作。正所谓，机不可失，时不再来，于是，我们赶紧走上前去，主动和对方闲聊起来。没想到，彼此的谈话竟然这么投机，陌生人似乎特别乐意将这美好的周末早晨留给我们。

我们从早上九点开始聊天，一直聊到快要吃午饭的点，这个时候，旭日已经高升，天气渐渐热了起来。突然，陌生人抬手挡住前额，看了看头顶的蓝天，貌似漫不经心地说了一句：“快中午了，今天这天气可真热啊！”

此时，我们可千万不要傻乎乎地以为陌生人真的在和我们聊天气，他说的这句话，其实就是一句典型的“暗语”。如果我们足够聪明和机灵，应该立马热情地接上一句：“今天能和您相识一场真是莫大的荣幸，不知您可否赏个脸，让我请您去附近的饭馆吃个饭喝个茶？”

陌生人听到这恭敬客气的话，肯定会觉得自己十分有面子。他总不能明着说，让我们请他吃饭喝茶吧？唯有抛下“暗语”，一来保全了自己的脸面，二来也顺便测试一下我们是不是够有诚意，够有礼貌。

陌生人的“暗语”还有很多，但万变总是不离其宗，我们不必到处去搜罗陌生人的“暗语”，只要在具体的情境中用心去倾听陌生人所说的每句话，多多注意他们的表情、动作和说话内容，我们就能接住对方抛过来的“暗语”，在旁敲侧击的测试中，取得一个不错的分数。

朋友说话也会“弯弯绕绕”

中国有句古话：“在家靠父母，出门靠朋友。”可见，朋友对于我们每一个人的生活有多么重要。朋友和陌生人的最大区别应该在于四个字——“亲疏有别”。和朋友打交道，我们不会像和陌生人来往时那样给自己的心理设下一道厚重的防线，也不用时时刻刻提醒自己“言多必失”。所谓“朋友”，在某种程度上，几乎就是“知无不言，言无不尽”的代名词。

喜欢古典名著《红楼梦》的人，很多都非常喜欢“宝黛之恋”，在他们的眼里，贾宝玉和林黛玉不仅是郎才女貌的完美恋人，而且还是心心相印、灵魂契合的知己好友。按理说，这样一对才子佳人，彼此间说话逗趣用不着思前顾后，小心翼翼，可为什么贾宝玉每次说话都要拿捏着分寸，生怕一不小心唐突了林黛玉呢？

有一个故事情节让人记忆犹新。为了给薛宝钗庆生，贾母特地请来了戏班子。听完戏后，她命人将那做小旦和做小丑的孩子带了进来，出于怜惜和疼爱，赏了不少东西给他们。

这个时候，凤姐突然笑着说道：“这个孩子扮上活像一个人，你们再看不出来。”其实，薛宝钗和贾宝玉都猜到了，凤姐说的这个人指的就是林黛玉，只不过，他们都不敢说出来。唯独心无城府的史湘云神经大条地直言道：“倒像林妹妹的模样儿。”宝玉听了这话，忙瞅了湘云一眼，示意她不要乱讲话，免得冲撞了林妹妹。

没想到，林黛玉偏偏把这暗示的一幕瞧进了自个儿的眼里。事后，她就开始和宝玉闹脾气，怪宝玉把她比作戏子，还私下里和湘云使眼色，这举止分明是把她当作外人。

饶是这么一对心灵契合的好朋友，也会因为一些小事闹别扭，也难怪贾宝玉每次和林黛玉说话，都要斟字酌句，三思而后言了。

虽然和朋友打交道，也不能完全做到畅所欲言，开诚布公，句句都是实话，那么自然少不了要讲几句“弯弯绕绕”的“暗语”了。

然而，很多人或许会觉得，朋友之间说话就应该像竹筒倒豆子那样，直接、简单和明了，根本用不着拐弯抹角，藏着掖着。因为如果真的这样做，反而会伤害彼此的感情和信任。其实，这种想法也不是完全没有道理，不过，我们必须明白一件事，那就是说话“弯弯绕绕”并不等同于“虚与委蛇”和“拐弯抹角”。正因为大家是很好的朋友关系，有些话才不好直接说出来，毕竟人们总是会想要顾及朋友的颜面。

打个比方，有一天晚上，我们去朋友家做客，刚开始，朋友非常热情地接待了我们，不停地和我们说话谈笑。两三个小时后，当朋友的话渐渐变少，甚至经常劝我们喝茶或提议看看电视时，我们就应该告辞回家了。因为，人们总是在感到无话可说时，才会提醒别人做一些无关紧要的事。天色已晚，朋友或许还有其他要紧的事，或是要准备上床睡觉了。此时，他们碍于朋友的脸面，没有办法直接发话赶我们回家，就只好说一些“你喝茶啊，别客气，喝完了，我再给你续一杯！”“咱们看一会电视吧，枯坐也没啥意思对不对？”“对了，现在几点来着？我们聊了快三个小时了吧！”“现在好晚了，你们累不累啊，要是太累了，就在我家住一晚吧！”等客套话。

除此之外，朋友之间还有其他一些比较常见的暗语，如：

1.“这不是钱不钱的问题……”

我们在社会上摸爬滚打，谁都有手头拮据的时候，当生活出现“断粮”危机时，朋友可能会成为我们的求助对象。可朋友毕竟不是取款机，他们和我们一样，也有经济不宽裕的窘迫时候，因此，面对我们的求助，他们可能并不好意思直接回绝，而是欲言又止地说一句：“兄弟，你也知道，这不是钱不钱的问题……”

听到这句“暗语”时，我们就应该自动打消向朋友借钱的念头了，因为他们此刻也有难言之隐，或者手头上没有多余的钱，又或许他们不愿意把钱借给我们。

2. “还不就那样……”

每个人都有自己的隐私，既然是隐私，自然不愿意被人轻易打听了去，也不愿意别人对此多问，不管大家是不是私交很好的朋友关系。

因此，当我们询问起朋友的私生活时，比如问对方最近工作还顺利吗，和女朋友相处还融洽吗，和家人有没有闹矛盾啊……如果朋友给出的答案是“还不就那样……”这类带点敷衍意味的话，我们就能大致猜到，朋友并不是很乐意回答这些问题。

这个时候，我们千万不要打破砂锅问到底，一味地打听和追问，那样只会招来朋友的反感和厌恶，最终影响彼此的友谊和感情。

3. “你跟某某熟不熟……”

正所谓“无事不登三宝殿”，其实，当人们主动向他人提出一个问题时，多半是因为自己的好奇心在作祟或是真的有求于人。

如果有一天，朋友突然向我们打探道：“你跟某某熟不熟？”我们可要提高警惕了，他们可能是希望借由我们和某某的关系来认识某某，或是让我们去帮他们向某某说情和求助。因此，我们最好根据自己的实际情况和真实心声，给予朋友一个既不伤害他们，又不会使自己为难的周全答案。

我们可以看到，即便是关系不一般的朋友，也会说一些“弯弯绕绕”的“暗语”。他们在遇到一些不好直接或是正面回应的问题时，为了避免和自己的朋友发生不必要的矛盾或是龃龉，通常都会采取各种绕道而行、顾左右而言他的方法。我们只有在自己的头上“安上一对灵敏的触角”，才能接收到各种各样委婉的暗语，免得横冲乱撞破坏了彼此的良好关系。只有这样，才能让友谊之花开得地久天长。

最亲密的人也会有“语言隔膜”

恋爱中的女人，可以说是世界上最擅长讲反话的感性动物，相信很多男性朋友对此都深有体会。

不管怎么样，女人说反话的目的，无外乎是引起男人的注意力、考验男人的真心以及维护自己的面子。如果男人足够细腻敏感，应该能够领悟女人说这些话的言外之意，否则，太过粗枝大叶，只会糊里糊涂地伤害了自己的亲密爱人，还丈二和尚摸不着头脑。

当然，不光是女人，男人有时候也会故意说一些“暗语”，只是他们说“暗语”的频率远不如女人来得高。总而言之，不要以为彼此是世界上最亲密的人，对方就会对我们毫无保留地坦诚相待。

因此，与其去幻想上天赐予我们一位有话直说的亲密伴侣，我们还不如多长一个心眼，不断打磨自己迟钝的语言领悟能力，突破那一层阻碍交流的“语言隔膜”，努力参透身边人的话外之音，读懂他们包裹严实的真实心声。

那我们又该如何做呢？首先，自然是要多了解一些亲密的人常说的“暗语”。

1.“你挂电话吧……”

这句话应该是情侣之间出现频率较高的一句话。许多男女朋友，尤其是在校的大学生情侣，或者是两地分居的情侣，由于没有办法生活在同一个屋檐下，所以日常的情感交流一般只能通过电话来维持。

别小看情侣煲电话粥的能力。在笔者的印象中，朋友张灵就是一个和男友打电话能打到手机欠费的最好例子。有一次朋友聚会，我们一伙人正聊得开心，张灵突然接了一个电话，看她含羞带笑的神情，我们立马猜到了电话那头肯定是她最亲爱的男友。

果然，张灵立马起身离开了饭桌，一个人躲在不远处的一个角落里，和男友说起了甜蜜的悄悄话。时间一点一点地过去了，一个小时，两个小时，三个小时，等大家聊得差不多，准备就此散会，回家睡觉时，张灵还在角落里窝着和男友聊天。

“张灵，我们回去了，你还不走吗？再打，手机就没电了！哈哈哈……”朋友们刚笑着调侃完，只见张灵眉头一皱，对着电话吼了几声：“喂？喂？喂？”原来，她的手机真的没电了，这一幕，可真把大家乐坏了！

不过话又说回来，情侣之间煲一煲电话粥，甜蜜归甜蜜，却也容易产生许多让人郁闷的问题。电话粥煲的时间若是太长，总有一方会感觉有些词穷和无聊，这个时候，到底要不要主动向对方提出挂电话、说拜拜呢？女孩子很少会有这方面的困扰，为什么这么说呢？大家都知道，很多女人是感性动物，她们一般都非常享受两个人煲电话粥的甜蜜感觉，可男人却很容易对长时间单调的聊天感到厌倦。

当男人感觉不想再继续煲电话粥时，他们的言谈可能会变得不太热烈，而女人一旦察觉到对方言语间的乏味和无趣，肯定多多少少会有些失望，心想：“难道你就那么不愿意和我聊天吗？”此时，她们出于赌气或是试探，很有可能会装出一副善解人意、可怜兮兮的模样，满嘴含酸地说上一句：“你挂电话吧……”

男人听到这句话时可一定要注意了，千万别匆匆忙忙地把电话挂了。要知道，女人说这句话的潜台词通常是“我不想你挂电话”，她可能聊得不够尽兴，正在试探你。

男人最好的回答应该是：“宝贝，我不想挂电话，我还有好多话想跟你说，但你是不是累了？明天还要上班，我们也确实应该休息了。”或是：“宝贝，你要乖乖听话，现在已经很晚了，我希望你能早点睡觉，让身体健健康康，如果晚上实在睡不着，我 24 小时都为你开机哦！”

2. “吃什么？随便……”

男女朋友出去吃饭时，男人经常会体贴地问身边的女友一句：“亲爱的，你想吃点什么？”有的女人听了，会直接告诉对方自己想吃点什么，而有的女人则会乘机试探一下男友：“吃什么？随便……”真的是随便吗？

女人说一句“随便”，并不是真的让你随便点，她是想看你能不能点到她喜欢吃的菜。在她看来，如果你真的爱她，应该晓得她喜欢吃什么，也应该能够体贴地点一些她爱吃的东西，而不是只顾自己的喜好，点一大堆你自己喜欢、她却不爱吃的东西。

因此，男人若想在这个节骨眼赢得女友的芳心，就要事先了解她在饮食上的喜好，点餐的时候才能展现出自己细腻、体贴、温柔的一面，为自己在女友心目中的形象加分。

3. “你想去就去吧……”

男人就像风筝，总是向往着外面广阔自由的蓝天，可无奈的是，风筝的线一直被女人死死地拽住。男人有时候想出去玩一会，还得提前跟女友打个招呼，此时，女人或许会淡淡地回一句：“你想去就去吧……”有些男人一听，嘿，请假条这么容易就批下来了，自己还是抓紧时间和朋友一起出去潇洒一回吧！

如果男人真这么想的话，后果可能会不堪设想，他前脚出门，女友可能立马就在家号啕大哭，有时候还边哭边骂：“玩玩玩，就知道玩，和朋友在一块就那么开心吗？朋友难道比我还重要吗？我对你那么好，你竟然抛下我一个人出去潇洒，我恨你，恨死你了！”

男人应该不想回到家就看到女友对自己摆着一副臭脸，哄都哄不笑吧？所以，当听到女友对自己说：“你想去就去吧……”时，不要再高兴得忘乎所以了，她内心可能并不愿意你去，只是碍于面子做做样子罢了，你愉快的神色只会再次刺激到她敏感的神经。

如果你真的特别想出去玩，不妨装出一副依依不舍的模样，让女友误以为你其实更加愿意和她待在一块，说不定，她会因此大发慈悲让你跟朋友出去玩。

其实，最亲密的人所说的“暗语”，一般都会有一个相似的前提，那就是在乎对方。

认识到这一点之后，男人们就不用芥蒂自己和伴侣之间也会存在“语言隔膜”这样一个事实了，只要平时多多注意观察，听懂对方的“暗语”，我们就能对症下药，顺利解决问题。

上司的“话外之音”

行走于职场，我们每一个人都是上司手下的战士，肩负的使命就是协助上司冲锋陷阵，解决一个又一个问题。

我们要想在职场上占有一席之地，除了在工作上必须有优秀的表现，还得和上司打好关系，努力赢得上司的喜欢和信赖。

至于怎么打好关系，关键还在于我们是不是上司肚子里面的“蛔虫”，如果我们自始至终都摸不清上司在想什么，那我们的职场生涯就好比“伴君如伴虎”。当然，上司的心思也确实不是那么好猜的，毕竟我们谁也没有读心术。不过有一点，我们还是能够做到的，那就是努力领悟上司的“话外之音”。

很多时候，碍于身份、情面、时间和关系等诸多因素，上司说话总有点含糊不清，让人百思不得其解。我们若想成为他的左膀右臂，就不能一直停留在搞不清楚状况的迷糊状态，也不能得过且过，满不在乎，任由事情发展到不可收拾的地步。唯有多一份谨慎，少一分自满，努力揣摩上司的“暗语”，我们才能创造机会让自己的职场晋升之路越走越平坦。

以下介绍上司常说的几大“暗语”，可以借鉴参考一下，或许对自己以后的工作有所帮助，和上司打交道时，也可以尽量避免踩入一些不必要的雷区。

1.“你出勤还真的是准时啊！”

这句话的真正意思是“你总是踩点上下班，真是不思进取！”

有过管理经验的人都知道，带团队其实就是聚人心，积极向上的工作氛围能提升团队的斗志，如果团队中出现了一个消极散漫的人，这个人无疑会打乱整个团队的工作氛围。

最近，某公司新招聘来的小王明显跟公司有些格格不入。按照公司规矩，员工必须在八点半之前赶到公司上班，小王倒好，每次都是踩着点进办公室，比公司上司还晚到。

国庆节前一天，大家为了让公司在假期能正常运转，纷纷主动留下来加班。谁知道，小王却毫无眼力，他高呼一声：“都要放假了，还这么拼命作甚，回家咯！”说完，便扬长而去。

上司把小王这些日子以来的工作表现尽收眼底，心里着实有许多不满。凭良心讲，小王这样的工作态度未免太过于“独善其身”了，看他的样子，似乎很是舍不得为公司付出。

于是，国庆节后，上司就对再次踩点上班的小王说了一句意味深长的话：“小王，你出勤还真的是准时啊！”小王傻愣愣地看着上司，身边的同事都在一旁掩嘴偷笑，他似乎有些明白这是怎么一回事儿了，从此，他再也没有踩点上下班过。

2.“你很有想法哦！”

这句话的潜台词是“不要太自我，要学会团队合作！”

秀秀是一个头脑非常灵活，创意点子层出不穷的女生，可她也有一个毛病，那就是太爱表现自己，经常听不进去团队其他人员的意见。

有一次，秀秀提出了一个创意方案，在上司看来，这个方案确实新颖别致，就是操作起来困难重重。经公司全体员工和客户投票，大家一致否定了秀秀的创意方案。可秀秀却不甘心，坚持认为自己的方案是最优秀的，一个人在台上滔滔不绝地说了好久。

上司为了顾全大局，安抚其他员工和客户的情绪，只得提着嗓门朝秀秀说道：“你很有想法哦，我们都知道你很有想法！”上司话里浓重的警告意味，让秀秀及时住了嘴，灰溜溜地从台上走了下来，回到了自己的座位上。

3.“听说你跟某某的关系不错？”

这句话的真实含义是“你是不是在拉帮结派？要是让我知道了，后果很严重！”

上司应该最讨厌员工在暗地里拉帮结派了，这种心理像极了古代的帝王，臣子结党营私不仅会威胁到自己的“无上皇权”，可能还会连带损害公司的利益。

我们要是和某位同事或是主管走得近了，上司一定会担心我们会互相照应。打个比方，如果其中有一个人犯了错，玩得好的另一方十有八九会替对方遮掩。长此以往，公司内部的稳定秩序必然会遭到破坏，这十分不利于公司的长远发展，上司自然不会坐视不管了。

因此，当上司试探性地问道："听说你跟某某的关系不错？"我们最好还是极力撇清和"绯闻对象"的关系，不管这关系是真是假，起码在平时的工作生活中要记得保持距离，千万别让身边那些爱打小报告的同事抓到自己的把柄。

以上所列的是上司常说的一些"暗语"，生活中我们遇到的还远不只这些，其他的"暗语"还需要我们每一个人多去搜集和总结。不管怎么样，我们一定得明白一个事实，听懂上司的"话外之音"绝非一朝一夕之事，它需要多年职场摸索、学习历练。只要我们愿意多听、多看和多学，假以时日，一定能找准规律，读懂上司所说的"暗语"，练就自己的高情商。

提防"温柔一刀"：同事的"话语陷阱"

在这个世界上，除了家人，和我们相处时间最长的当属公司的同事了。一天只有24个小时，我们必须用至少8个小时的宝贵时间在工作上。

相较于家人和朋友，同事可能相对疏远些。

同事是半路结识的陌生人，他们和我们在感情上没有太多的交集。从表面上看，大家都是利益一致的同盟和战友，可同时同事也是我们职场晋升之路上的最大竞争对手。

不要以为职场“暗语”只存在于上司和下属之间，其实同事之间也是“暗语涌动”。若是我们不留神，可能就会被同事的“温柔一刀”伤得体无完肤，白白吃了许多闷亏。

同事之间最常见的一些“暗语”如下：

1.“你现在忙不忙？”

这句话在职场出现频率很高。其实，不仅仅是同事之间，我们在和其他人打交道的时候，也常用这句话。

有同事略带试探性地问道：“你现在忙不忙？”可能潜台词是：“你如果不忙的话，能不能帮一帮我？”

最怕的是有些坏心眼的同事，让人帮自己干活不说，竟然还在背地里说人坏话，乱嚼舌根：“公司雇他们来干什么的啊？不就是让他们勤快点干活吗？怎么一个个都闲得没事干呢？”这些并不真实的闲话可能有一天会传到老板的耳里，到时候若老板误认为我们没有好好工作，在偷懒，轻者增加我们的工作任务量，重者则可能被老板炒鱿鱼，但不管是哪一种，都是哑巴吃黄连——有苦说不出。

2.“看起来很有意思，或许你可以询问一下别人的看法。”

再能干的员工，也有心里没底，需要他人提供建议的时候。打个比方，如果我们完成了一份自以为极具创意的策划案，但为了以防万一，在上交给领导之前，一般会先请资历比较深的前辈过目一下，看看他们有什么比较中肯的建议。

此时，若是有同事这么说："这个策划看起来很有意思，或许你可以再询问一下别人的看法。"我们可千万不要得意忘形，因为有时候，同事之所以说这么一句看似含糊好听的话，是因为他们不想打击我们内心的积极性和热情劲儿。因此，与其再拿着自己的策划四处找人讨论交流，可能静下心来，重新再做一份比较出色的策划会比较好。

3."上司对你还挺关心的！"

人的攀比、嫉妒心理，有时会让我们不由自主地和身边的同事"争风吃醋"。若是上司突然对某一位员工另眼相看、有所偏爱，那这位员工可能会成为有些同事的"眼中钉""肉中刺"。

因此，如果哪一天有同事语带酸意地对我们说："这一阵，上司对你好像还挺关心的哦！"我们可别傻乎乎地当什么事也没有，人言可畏，三人成虎。我们在平时的工作生活中，要尽量和上司保持适当的距离，免得造成不必要的误会。

只有当我们多了解一点同事之间常说的"暗语"，我们才能避免自己频繁地踩入雷区，才能让自己的工作之船顺风又顺水地驶向成功的彼岸。

面试官的那些刁难问题

不管我们是初入职场的“菜鸟”，还是久经沙场的“老油条”，在求职的道路上，我们都会遇见一只共同的“拦路虎”，那就是高高在上的面试官。他们总是用一双阅人无数的利眼来审视揣摩我们脸上的每一个表情，同时还不停地向我们抛出许许多多刁难人的问题。如果我们没有足够的智慧和经验，那么最终很难给予他们一个称心如意的答案，我们自然也无法顺利谋得一份令自己心满意足的好工作。

笔者特意搜集了许多在求职过程中，面试官们常常挂在嘴边的刁钻问题，一一列在下文中，希望那些求职不顺的朋友可以从中收获一些有用的讯息，以便早日实现自己在工作上的美好愿景，找到一份称心如意的工作。

1. “你的工作经历似乎很丰富？”

众所周知，企业在招聘员工的时候，通常都会比较看重应聘者的工作经历，因为大部分企业都希望能招聘到专业技能过硬和工作上手较快的优秀人才，而一个毫无工作经验的人，往往会增加企业的用人成本，面试官自然不太喜欢这样青涩的职场菜鸟。

但这也并不意味着面试官就十分青睐工作经历过于丰富的应

聘者，为什么这么说呢？很多时候，工作经历丰富其实就是频繁跳槽的潜台词，譬如，有些人在短短的几年时间里，可能就陆陆续续换过十来份工作，从事每份工作的时间不过寥寥数月。

因此，在面试官的眼里，这句话的真实含义应该是“你跳槽那么频繁，我很担心你工作的稳定性，万一哪一天你做得不开心，又卷铺盖走人了，我不得再次满世界招人吗？”我们若是非常想要得到这份工作，就必须消除面试官心里的困惑和不信任感，诚恳地告诉对方自己跳槽的原因，回答时最好往自己的职业发展规划方面走，让面试官觉得我们是一个不断追求自我进步的有识之士，而非一个朝三暮四、定不下心来的浮躁之人。

2.“你认为你自己的缺点是什么？”

世上并没有完美的人，如果说不出自己的缺点，面试官会认为我们缺少自我反省的意识，或是有点以自我为中心。一个人不可能凡事都做到尽善尽美，如果我们认为自己最大的缺点是追求完美，这样的回答可能会让面试官面露厌恶之色。

因此，我们最好避重就轻地说一些与求职性质无关的一般缺点，让面试官觉得我们并没有太大问题，但态度又比较诚恳。另外，我们还可以灵活转变，如果这份工作需要我们频繁地接触顾客和同事，那我们可以说当必须长时间单独工作时，可能会感到有些乏味。

最后，我们还要记住一点，当我们在面试官面前谈及自己的缺点时，一定要补充说明我们会采取哪些措施和方法来克服自己的缺点，以免被认为会影响我们日后的工作表现。

3. “我们公司很偏僻，在这里上班你来回奔波很辛苦，你觉得呢？”

从表面上看，面试官是在提醒应聘者需要慎重考虑上下班的时间成本问题，但实际上，他是在向应聘者暗暗传达自己的疑虑，比如应聘者会不会因为长时间求职不顺而委曲求全，倘若日后真的从事这份工作，会不会因为上下班太过辛苦而选择离职。

而且我们需要特别注意的一点是，如果我们已经向面试官说明自己可以克服交通问题，但面试官始终存在这方面的忧虑，那十有八九他是在拿“上下班太辛苦”当借口，委婉地拒绝我们，或许他认为我们的条件并不适合当下所应聘的岗位。

4. “如果把你调到别的岗位，你愿意吗？”

面试官一旦说出这句话，其实是向我们发出了一个信号：我们应聘的岗位也许已经有了合适的人选，但面试官对我们的兴趣不减，很想把我们纳入麾下。

面对这种提问，我们可以根据自己的实际情况做出回应，如果我们认为对方是一家颇具发展前景的公司，且自己对新的岗位又有一定的了解和把握，企业提供的薪酬也在自己的接受范围之内，那我们不妨考虑一下这个机会；反之，我们则可以委婉地拒绝对方的邀请。

5.“你有男（女）朋友吗？”

许多应聘者在遇到这个问题的时候，往往都会如实地说出自己的婚恋情况，其实面试官提出这个问题的初衷是希望了解我们以后工作的稳定性。

虽然一般来说，如果企业真的想录用我们，不会以我们有没有男女朋友来作为判断的标准，但我们在回答这个问题的时候，还是要再三地向面试官保证，我们不会因为男（女）朋友的问题，影响自己在工作上的稳定性。

6.“以你的能力和学历，你完全可以去更好的公司，不是吗？”

面试官如若对我们抛出这样的问题，很可能是因为他觉得我们应聘这个职位有些屈才或者说个人能力不足。如果我们非常想要得到这份工作，那在接下来的对谈交流中，我们必须给面试官吃下一颗“定心丸”，详细说明自己为什么会选择这份工作，如果日后真的从事这份工作，具体又会怎么去做。当我们这样回答时，面试官才有可能解除对我们不稳定性的担忧。

7.“为什么想要离开目前的工作？”

相信很多人在求职的时候都会被面试官问起想要离职的原因。其实，我们辞掉上一份工作，无外乎是两类原因，第一类是客观原因，第二类是主观原因。一般来说，客观原因基本属于外在环境、无关个人能力的因素，比如公司搬迁到他市、部门重新改组、公司破产等；而主观原因通常会涉及我们的人际交往能力、工作态度、工作能力等。显然，面试官会对我们离职的主观原因更感兴趣，并刨根究底问个透彻。

因此，我们在回答这个问题时，一定要小心谨慎，最好将与自身有关的因素一笔带过，要让面试官明白，我们之所以选择离职，主要是因为自己职业生涯的规划以及寻求自我突破。

8.“你还有什么要问我的？”

面试官提出此问题，无非想要得到以下三方面的信息：

其一是求职者之前是否对应聘职位公司行业有所了解。不了解的人多半会提出诸如“贵公司是干什么的”“你们让我来干什么”等问题。

其二是通过求职者的提问结合之前表现，进一步判断此人的思维深入性与全面性。有些应聘初级职位的求职者为了凑数提出“贵公司战略方向在哪儿、未来发展方向是什么”等只有高层才能说清楚的问题。这种问题既不是面试官能解答的，也不跟求职者利益切实相关，问出来多半会被认为想得太多或者不切实际。

其三是了解求职者真正关心的点。提问题的角度和顺序有时直接反映了求职者真正关心的东西。反复问及薪酬的可能对钱很关心，问及福利情况的人多半更重视稳定性，问及职位晋升路线的可能比较注重个人发展和职位前景等。

心急吃不了热豆腐，如果我们能腾出一点点时间，好好了解一下面试官的那些刁难问题，就能让自己变得更加从容不迫，再也不会听错他们的“弦外之音”，让自己错失宝贵的工作机会！

用“耳朵”跟客商谈判

在与客商进行谈判的时候，彼此最终的目的无非是想赢得最大的利润空间。俗话说，“两虎相争，必有一伤”，幸好这不是一场“不是你死，就是我亡”的山头竞赛，而是一场致力于双方利益最大化的博弈。我们需要做的就是认真倾听客商所说的每一句话，在留心观察对方的言行举止以及细微表情之余，还要努力解读他们那看似漫不经心、脱口而出的关键“暗语”。

众所周知，没有人喜欢夸夸其谈、往自己脸上贴金的自大狂，在商务谈判中，我们尤其要谨记这一点，切勿将自己所在的公司夸得天花乱坠，毫无瑕疵可言，因为这样做非但不能获得对方的信任，反而会使其对我们产生怀疑。

在一家电器公司担任销售经理的朋友老张曾给我讲了这么一个故事。最近，他所主管的销售部来了两名新的业务员，两个人先后和同一位客户谈生意，结果却大相径庭。

业务员小李向客户介绍公司的产品时，先是让客户翻阅了产品的各项资料，然后耐心地静候客户的回应。当客户匆匆一览小李带过来的资料后，似乎不太满意，他意味深长地说道：“小李啊，你们公司的名气不大，我以前可从来没听说过啊。一般来讲，我们只和一些品牌响亮的公司合作。”

眼看客户就要打退堂鼓，小李顿时心慌意乱，他像路边的许多小商贩一样，急急忙忙地拉住自己的客人，一个劲儿地夸自家的货物质量有多么好，多么受欢迎，得过哪些奖等。

赞美的话倒是一大堆，唯独确凿的数据和具体的案例一个都没有，这让客户越听越不耐烦，最后干脆拂袖而去，只留下滔滔不绝的小李一人愣在原地。

小李铩羽而归后，另一位业务员小江却心有不甘，在征得老张的同意后，他决定邀请先前拒绝小李的那位客户吃饭。面对客户同样的质疑，小江不慌不忙地举出了几个成功的案例，让客户放心他们公司产品的质量。等到客户的脸上露出了一丝微笑，小江趁热打铁，热情地对客户说道：“要不这样吧，如果您实在不放心我们公司的产品，那我们先送您一台冰箱，如果您觉得它各方面性能还不错，那就给我们一次合作的机会好吗？”

原来，小江事先就跟老张打过招呼，为了顺利拿下这位客户，必要的时候，可以承诺赠送对方一台电器，使其对他们公司产品的质量心里有数，不再犹豫不决。

用一台冰箱去换一笔数千万的订单，孰大孰小，孰重孰轻，一目了然。

一个礼拜后，客户就给小江打来了电话，说这台冰箱的制冷效果非常好。很快，他就和小江所在的公司建立了合作的关系，这让老张十分高兴，从此越加器重小江。

其实，在与客户进行谈判的时候，很多人都跟上例中的小李一样，彻底败在“公司名气不大”这个事实上。既然公司名气不大是一个不可更改的事实，那为什么小江又能反败为胜呢？归根结底，还在于他听懂了客商的那句“暗语”——“你们公司的名气不大”。这句话其实是在质疑小江所在公司的信誉度，客商显然是对不知名的品牌不够放心，这个时候，最好的解决办法并不是像小李那样夸夸其谈，而是像小江那样拿出具有说服力的证据。

与此同时，我们最好还要带上一些记录产品成交数据以及客户回馈报告的书面资料。一旦客户了解到这些全面可靠的信息，他们自然就会对我们的话产生一种信服的感觉，如此一来，我们想要的合作关系又怎么会不手到擒来呢？

从这个故事中，我们不难看出，与客商谈判成功的关键，正在于用一双灵敏的耳朵读懂“暗语”，这样的人才是最大的赢家。那除了“你们公司的名气不大”，还有哪些“暗语”是客商时常挂在嘴边的呢？

1.“你们的价格并没有优势。”

在商务谈判过程中，客商有时候会用“你们的价格并没有优势”这句话来暗示我们，他们现在其实还有许多的备选合作商，如果我们不能在价格方面做出让步，给予他们一个满意的数字，或是详细阐明价格以外的其他优势，那他们完全有理由选择别的合作商。

打个比方，如果我们是一家名牌包店里的导购员，有一位女士看中了我们店里的一款高档包，不过包的价格有点贵，正当她准备放下包离开店里的时候，我们贴心地问了一句：“您好，不知这款包包是否符合您的心意？”

女士撇了撇嘴，状似毫不在乎地说道：“这种款式的包，别的品牌也有很多，相比而言，你们的价格并没有优势，我还是去别的店里再看看吧。”

听到这句话，我们就应该洞悉女士的真实心声，她不是不喜欢这款包，而是包的价格略高，让她觉得有些划不来。如果我们在价格上不能给予她更多的优惠，就必须额外赠送她一些精美的礼物，“刚好我们的店里在搞活动，如果您买下这款包，我们可以赠送您一条时尚的腰带和一瓶高档的香水，先买先得，礼物数量有限，您可以考虑一下哦！”

相信很多女顾客在听到这句话后，都会停住急欲离去的脚步，毕竟腰带和香水都是女人钟情的礼物，这样算下来，包也算是变相打了一个折扣，便宜了不少钱，诱惑更大呢！

2.“最近市场波动很大。”

我们经常能从供货商那里听到这句话，“最近市场波动很大”，他们说完这句话后，一般都会面露难色，不愿意在我们提供的单据上签下大名。这个时候，我们也不难猜出，他们说这句话的目的其实是在暗示自己的难处，希望我们主动提高产品的进价，让他们保证自己的利润空间。

在整个市场波动很大的时候，他们想要涨价并不是为了图一己之私。如果我们足够聪明，就应该明白，另找生人合作也会面临同样的涨价局面，既然如此，还不如主动提价，继续和熟人维持合作的关系，为自己减少许多不必要的麻烦。

意识到这一点之后，我们最好立马回应道：“我明白您的苦衷，您看什么样的价格比较合适，但说无妨，我们已经有多年的合作关系了，只要大家相互体谅，一定能做到双赢。”毫无疑问，如此合情合理的一番话，肯定会打动客商的心，彼此在良好的沟通中顺利地定下一个让双方都感到满意的价格。

3.“我们的价格绝对公平。”

子曰：“不患寡而患不均。”我们每一个人都对公平有着深深的渴望，不管是什么事情，我们都希望自己能得到一视同仁的待遇。因此，当有客商信誓旦旦地对我们说“我们的价格绝对公平”时，我们可能也会受到这种肯定态度的影响，认为他们所提供的价格非常公道。

其实，这句“暗语”往往意味着客商很难在价格上有所松动，不管我们是否觉得产品的价格高了，我们都会从这句话里感觉到对方不会再降低价格。

尽管如此，我们还是要一路争取到底，适时地问一句：“价格上还能不能再给我们一点优惠呢？”或是“如果价格上没有商量的余地，那我们可否签一个长期合作的意向书呢？”这些试探性的话语，不仅不会让我们深陷窘境，反而很有可能为我们争取到更多的利益。

如果客商的答案依旧稳如泰山，我们就不要再在上面和他们费时周旋了，干脆简单利索地回答“我相信您的为人，也不想再让您为难了，要不咱们现在就签合同吧！”如此一来，既给对方留下了一个深刻的好印象，也为彼此的下一次合作奠定了良好的基础。

类似的“暗语”还有很多，笔者在这儿也就不一一列举了。不管怎么样，我们都要明白一个事实，与客商谈判的终极目的只有一个，那就是竭尽全力促成彼此的合作，为自己争取利益的最大化。因此，我们必须稳稳地竖起耳朵，听懂客商的每一句“暗语”，千万不要让自己的嘴巴快过自己的耳朵，说出一些影响谈判局面的鲁莽之言。

推杯换盏间“暗语”横飞

著名作家钱钟书先生曾在《吃饭》一文中这么写道：“吃饭还有许多社交的功用，譬如联络感情、谈生意经等，那就是‘请吃饭’了。社交的吃饭种类虽然复杂，性质极为简单。把饭给自己有饭吃的人吃，那是请饭；自己有饭可吃而去吃人家的饭，那是赏面子。交际的微妙不外乎此。”由此不难看出，现代社会，吃饭已渐渐脱离了它原本的意义，除了和家人能共享一顿美味可口的家常饭菜，我们和朋友、陌生人之间的饭局都可能掺杂着功利性的目的，不管是请别人吃饭，还是被别人请吃饭，在推杯换盏间，总免不了“暗语”横飞。

仔细琢磨一下，有什么话不能直接说，非得通过吃饭的方式才能倾诉呢？俗话说得好，“拿人手短，吃人嘴软”，我请你吃饭，或是你请我吃饭，看在这请吃饭的面子上，谁也不好在背后说对方的坏话。另外，把这满桌的佳肴一吃，就算彼此有天大的事儿，也可以好商好量的，这大概就是饭局经久不衰的奥妙所在吧。

但即便是情义满满的饭局，大伙儿说话也还是不能无所顾忌，为了一张薄薄的脸面，再怎么“司马昭之心，路人皆知”，我们也只能装作浑然不觉地往暗处走，配合对方演一出“皇帝穿新装”的精彩大戏。因此，我们若想收获一份圆满和谐的人际关系，或是从这段人际关系中得到某些益处，就必须让自己的耳朵时刻处于警戒状态，以免错失机遇。

1.“有空儿聚一聚。”

对于许多不常联系的朋友来说，这句话往往是彼此沟通交流的最佳问候语，如若对方真的有心见面，肯定会在话尾接着说上一句：“择日不如撞日，要不就明天晚上吧，我们出来吃个饭，聊聊天，你看怎么样？”

“有空聚一聚”很有可能只是朋友之间相互寒暄的一句简单客套话，但如果对方加上后面那一句，那事情就绝对没有那么简单了。正如钱钟书先生所说，吃饭还有许多社交的功用，天底下往往没有白吃的佳肴，朋友选在最近的时间和我们相聚，这足以说明即将上场的这顿饭大有内容。

从表面上看，朋友这句话问得相当随意和家常，可只要我们足够细致，就一定能发觉其中的试探意味。要知道，饭馆餐桌向来就是交际应酬的最佳地点，素不相识的两个人都有可能在吃吃喝喝和推杯换盏间混个脸熟，何况是曾有交往的朋友呢？

因此，当对方试探性地问道“有空聚一聚”时，那十有八九是有事相求于我们，或是想再拉近一下彼此之间的关系，然后再通过我们达成自己的某些心愿和目的，又或是想为我们牵线搭桥，将我们引入一个重要的圈子。

总而言之，这句话所暗含的内容实在是包罗万象，无法一语以盖之，但我们只要抓住“有备而来”这个关键点，那不管对方设立饭局的目的是为哪般，我们都能提前做好足够的心理准备，欣然赴约，说不定最后还有出人意料的收获呢！

2. “给你介绍一个朋友。”

常言道，多个朋友多条路，朋友是我们每一个人都必不可少的人生财富。因此，当有人豪情万丈地对我们说道“给你介绍一个朋友”时，我们可先别急着婉拒他人的好意，很多人就是通过别人的介绍，认识了生命中的贵人，最后在贵人的帮助下，自己的事业渐渐如日中天。

阿里巴巴的创始人马云，就曾是这句“暗语”的受益人。他当时想要创业，可无奈的是，短时间内很难筹集到创办公司所需要的资金。就在这时，马云接到了一位朋友的电话。朋友在得知他的处境后，什么安慰的话也没说，只抛下了轻描淡写的一句话：“咱们一起吃个饭吧，我想给你介绍一个朋友。”

其实，要换成别人，指不定就跟这位朋友吹胡子瞪眼了，这种时候，自己的处境已是水深火热，你不想办法帮我筹点钱，还拉着我一块去赴饭局，像话吗？可马云并不这么认为，他似乎参透了朋友的这句“暗语”，意识到朋友是在为自己排忧解难。

于是，马云在放下电话后，就和朋友一块去参加了这个饭局。让他欣喜若狂的是，朋友竟然介绍了著名的投资人孙正义给他认识。就这么一顿小小的饭局，他一下子就解决了烦恼多日的创业资金问题，孙正义先生给了他一大笔投资，让他有底气去推广自己的电子商务。

很多时候，“给你介绍一个朋友”意味着一个千载难逢的机会，意味着我们可能即将成为命运之神的宠儿。或许我们没办法像马云那样幸运，但我们至少也能多结识一个朋友。因此，如果我们的耳朵捕捉到这句“暗语”，不妨给予他人一个积极热情的回应，即便对方所介绍的朋友并不是我们想象中的类型，也不要随随便便显露出自己的厌恶和反感。

3.“我干杯，你随意。”

在大大小小的饭局酒局上，我们都会听到这样一句话“我干杯，你随意”。当说话的主人仰头将一杯酒一饮而尽时，他其实并没有多余的时间去品尝这杯酒的滋味，而是可能瞪大着双眼专注于我们的一言一行，想看看我们能“随意”到哪种程度。

从古至今，很多人喜欢以酒会友，酒可以说是一些关系的催化剂，一杯酒里往往暗藏着许多玄机。所谓的“我干杯”，其潜台词是我已经把自己最大的诚意展示出来，而“你随意”呢，则代表着我还在等着看你表现出的诚意，这就跟礼尚往来是一个理儿。

当对方向我们说出这句话时，一来表明了他对我们的尊重和热情，二来也给我们腾出了足够轻松的空间，让我们不必执着于

“回礼”，硬生生把这杯酒倒进自己的肚子里。

很显然，在社交场合里，谁先说出这句话，谁就享有十足的主动权，毕竟“我干杯”已经表明自己放低了姿态，尽到了礼数，只要“你”随意喝上几口，“我”都领你的情。

但“随意”真的能做到彻底的“随意”吗？未必，如果我们真的像对方所说的那样，只用嘴巴轻轻地碰一下酒杯，那对方很有可能会觉得我们为人十分不上道，连这么一句简单的客套话都不懂，那日后还有什么可交流沟通的必要呢？

为了避免对方心生芥蒂，我们最好还是干了这杯酒，以此来表明我们愿意与其相识相交的真心实意。

其实，吃饭喝酒事小，沟通交流事大。很多时候，饭局的设立并不是单纯为了满足口腹之欲，而是为了方便人与人进行积极友善的互动，使彼此在沟通交流中能够互相认可。

因此，当我们在推杯换盏间听到“我干杯，你随意”这句“暗语”时，如若不想失礼，给别人留下一个冷漠自私的不良印象，最好举杯将杯内的酒悉数灌入腹中。

不仅如此，我们在喝酒的同时，最好还能热情洋溢地高声劝道：“来来来，大家都把这杯酒干了，从今往后，大伙儿可都是朋友了，一定要记得互相照应啊！”

综上所述，酒桌上的推杯换盏，传递的并不是美酒佳肴，而是人与人之间的人情世故，吃饭、喝酒不是最终的目的，沟通交流才是真正的“主角”。

因此，我们在与人打交道的时候，可别光顾着眼前的丰盛宴席，只想着大快朵颐。要知道，耳朵的敏锐程度很有可能影响我们一生的命运轨迹，错过了当下的“暗语”，也许就错过了日后的美味佳肴。

第四章

给别人找面子，给自己贴里子

没有人会不爱面子，既然如此，我们就要掌握好给面子的功夫，把别人的面子放在心上，别人才会给我们面子。讲面子也不只是嘴上几句话的事儿，它包括生活的各个方面。一些我们容易忽略的细节可能恰巧就涉及别人的面子。把这一点弄清楚，看得细一点，自己也就成了有面子的人了。

给别人的面子可能就是以后的“路子”

“给我点面子！”“你若是不赏脸，就是不给我面子！”“这事儿实在是太丢我面子了。”诸如此类的话，大家都已经耳熟能详了。

可让人纳闷的是，面子既不是能果腹的美味佳肴，也不是能解渴的琼浆玉露，更不是能御寒的锦衣华服，为何有如此大的本事让人人都对它不离不弃，视若珍宝呢？

古时有“不为五斗米折腰”的陶渊明，还有“乌江自刎”的楚霸王项羽。从表面上看，他们一个是不愿意和世俗同流合污，一个是不甘心死在刘邦的手下，两者都是为了顾全自己的尊严和节气，可往深处探究，我们会发现一个相似点，那就是他们都看重面子。

很多时候，面子不一定是我们自身最真实性格的表现，但它一定是我们想要呈现在公众面前的最佳模样。基于这一点，我们不难得出这么一个结论：面子的本质其实就是我们寻求的他人与社会对自己的认同。

常言道“士可杀，不可辱”。在被杀和被侮辱面前，后者带来的痛苦要胜过前者。由此可见，面子很重要。

既然面子如此重要，那我们也就不难理解诗人陶渊明和楚霸王项羽所做的选择了。然而，与人打交道，只理解人都是爱面子这一点，其实并不足以让我们避免进入人际交往的禁区，我们要做的关键之事应当是尽力给别人留一点面子。

《菜根谭》中有言：“路径窄处，留一步与人行；滋味浓时，减三分让人尝。”可别小看这窄窄的一步，退让的姿态里往往蓄积着积极进取的力量。必要的时候，给别人留一点面子，说不定就是自己以后的“路子”。

而一个凡事都要拼出个胜负，不愿意给别人留几分薄面的人，其往往是在斩断自己日后的退路。

众所周知，人人都有自尊心，人人都好面子。一旦我们的言行举止伤害了他人，致使对方的颜面扫地，尊严受损，难保其内心不会生出怨恨和报复的念头。到头来，我们岂不是傻傻地树敌成群，让自己置身于险境？

古时候，有一个大官，平时没事的时候，他就喜欢找高手下下棋，日子一久，他也勉强算得上是打遍天下无敌手。

有一天，投靠在他门下的某食客与其对弈。这位食客也不是等闲之辈，刚一落子，就杀得大官一个措手不及。

大官心想，这回可遇上一个强敌了，绝对不能掉以轻心，免得最后输掉棋局丢了自己的面子。然而想归想，现实依旧残酷，食客的步步紧逼竟让大官心急如焚，大汗淋漓。

眼瞧着大官就要“兵败如山倒”，食客喜不自胜，他故意走错一步棋，让大官以为可趁机扭转局势，反败为胜。可就在大官手中的棋子落定之后，食客连忙使出绝招，一子落下，掷盘有声，赢得了比赛。

大官瞬间愣住，过了好一会才知晓自己被对方耍了，突然从云端直接掉到了地上，他心中自然怒火中烧，二话不说，立马起身拂袖而去。

从此，大官再也不和该食客下棋，更别说提拔他，对其委以重任，使其在官场青云直上了。而该食客虽有满腹才华，却终身无所作为，谁叫他好胜心太强，全然不顾主子的颜面呢？

所以，说到底，该食客在官场上的抑郁不得志，也有他自己不识相、不懂得给别人留一点面子的原因在。

有这么一句话：“你希望别人怎样对待你，你就应该怎样对待别人。”很多西方人在待人接物上，总是将尊重放在第一位。他们之所以这么做，其实就是在践行其中包含的真知灼见，这和中国人所说的“爱人者，人恒爱之；敬人者，人恒敬之”有着异曲同工之妙。

在人际交往中，一个真正富有远见的人，一定会明白给别人留面子，就是在给自己博人缘，赢好感，留退路。

有一次，小宋去女友家拜访未来的岳父大人，两人坐在客厅内有一搭没一搭地聊着。

刚开始，女友的父亲并不是特别待见小宋，他总觉得小宋还是一个毛头小伙子，没车没房没存款，别说让自己的女儿过上好日子了，就连能不能养活她都是一个问题。

这时，电视里正好在播放陈道明主演的电视剧《康熙王朝》，女友的父亲满脸赞赏之色地说："陈道明气质儒雅，他妻子王宪真有福气！"

小宋接着话茬说："叔叔，您说错了，他的妻子叫杜宪。"

女友的父亲瞪了他一眼，似乎非常不满小宋的"自以为是"，他冷嗤了一声，说："姓王还是姓杜，难道我还没有你清楚吗？"

小宋知道自己说错话了，连忙向其赔礼道歉，笑呵呵地说："叔叔说的是，您见多识广，自然比我清楚，是我班门弄斧，太不知天高地厚了。"

老头子原本还想奚落小宋几句，还没来得及开口，女儿就从厨房端了一碟子水果出来了。她瞟了一眼电视，笑着对小宋说："这不是你喜欢的演员陈道明吗？"

小宋点了点头，女友接着又对父亲说："爸，陈道明的妻子杜宪可有名了！她以前还是央视的主播呢，模样和气质都不输给她老公。"

咦，难不成真是自个儿弄错了，陈道明的妻子真的姓杜不姓王？老头子顿时感觉有些尴尬，他偷偷瞄了一眼小宋，发现这后生神色安然，并没有将刚才的争执放在心上，也没有在女儿面前拆他的台的意思，心里也就渐渐地对他心生好感，觉得小宋是一个心胸宽阔且与人为善的好小伙，女儿找到了一个可托付终身的好对象。

"小宋，来，来，吃点水果，别客气，这果子甜着呢！"老头子不住地说着。其实，果子甜不甜不重要，重要的是，小宋的通情达理与谦卑和善，让老头子的心跟吃了蜜一样甜。

后来，小宋和一群志同道合的朋友准备开公司创业，女友的父亲得知后，不假思索地拿出了自己积蓄已久的十万元存款，助其一臂之力。

印度"小说之王"普列姆昌德曾说："对人来说，最重要的东西就是尊严。"其实，在某种程度上，尊严就是人们常挂在嘴边的"面子"，当我们在和人打交道时，处处维护他人的自尊和脸面，也许就是在种一棵日后可供自己乘凉的参天大树，小宋的经历刚好证明了这一点。

总而言之，我们都是俗世中的凡人，爱面子刚好又是凡人的一个特点，因此，给别人留点面子，意味着提前为自己准备一个可供回旋的关键台阶。

说到底，给人面子就是不拆对方的台，言行举止小心谨慎，不说难听的话，不摆难看的脸色。

既然我们都在社会里摸爬滚打，就要学会互相尊重，互相体谅，毕竟顾全他人的颜面并不会给我们带来任何的实际损失，相反，我们日后有可能还会因为自己的“滴水之恩”，获得他人的“涌泉相报”。

打人不打脸，说话别揭短

朱元璋小时候家境贫寒，由于他在家排行第四，在家族兄弟中排行第八，因此大伙儿都唤他为“朱重八”。

朱元璋有两个要好的小伙伴，一个名叫张三，一个名叫李四，他们俩都亲切地叫朱元璋“八哥”。

这三个人从小一起光着屁股长大，一起玩耍，还一起外出乞讨。等朱元璋当上皇帝后，生活依旧穷困的张三和李四，先后赶到了京城，几经周折混进了皇宫，希望朱元璋看在昔日彼此共患难的情分上，赏他们个一官半职。

张三的脑袋瓜还算灵活机敏，他深知朱元璋是一个好面子之人，如今又贵为皇帝，肯定不乐意小时候的尴尬事被人知道。可这些尴尬事刚好是联系他和朱元璋之间情谊的关键纽带啊，要怎样做，才能把那些陈年旧事说得光鲜动人，引出朱元璋的恻隐之心呢？

很快，张三便有了周全的应对之策。

他一进大殿，看见高高在上的朱元璋，眼泪就如决堤的河水，哗啦啦地直往下流，满脸深情地唤了一声“八哥”后，他便立马跪倒在地，高呼“万岁万岁万万岁”。

朱元璋听了，淡淡地问了他一句：“别来无恙？”

张三再次叩拜，动情地回首往事道：“我主万岁！微臣虽然不才，但亏得皇上提携，记得当初随驾扫荡芦州府，打破罐州城，汤元帅在逃，擒住了豆将军，不料红孩儿当关，幸有青居士相助，这才万事大吉。”

朱元璋听他把往事说得含蓄又文雅动听，心里自然激动又高兴，顿觉面上添光，于是立马封张三做官。

没过几天，李四在得知张三被朱元璋封了官后，也千里迢迢地从老家赶到了京城面圣。

他一见到朱元璋，就高兴得手舞足蹈，当着诸位大臣的面，口无遮拦地说道：“八哥啊，你当了皇帝可真威风啊！你还记得我吗？我是李四啊。小时候，我们都给人家放牛，有一次我们在芦苇荡里，把偷来的豆子放在瓦罐里煮着吃，还没等煮熟，你就抢着吃，结果把罐子都打破了，撒了一地的豆子，汤都泼在了泥地里。你只顾着从地上抓豆子吃，结果把红草根卡在了喉咙里，还是我出的主意，叫你吞下一把青菜，这才把那红草根带进了肚子里。”

李四不知道的是，身居皇位的朱元璋，最厌恶有人提及他幼时的难堪之事，可李四竟公然当着文武百官的面，肆无忌惮地揭他往日的老底，这如何不让他龙颜震怒呢？

于是，朱元璋连忙下令把李四这个穷哥们杀了："哪里来的疯子，来人，把他拖出去砍了！"

中国自古就有“逆鳞”一说，而所谓的“逆鳞”，其实就是巨龙脖子下巴掌大小、呈月牙状的一块白色鳞片。据说，巨龙全身上下只有这一处的鳞是倒着长的，因此，不管是谁触碰到了它的倒鳞，都会激怒它。明白了这一点，也就不难理解为什么明明同为朱元璋的幼年伙伴，张三能春风得意，李四却命丧黄泉。

一个人不论是高高在上的皇帝，还是普普通通的庄稼人，都有各自不同的“逆鳞”。一旦有人有意或是无意地触碰到这些不允许被冒犯的角落，我们可能都会感觉颜面尽失，怒不可遏。在这种情况下，哪怕是涵养再好的人，恐怕也很难再对语出不逊者保持恭谦有礼、和善可亲的良好态度，人际关系已然出现裂痕，日后能否恢复还是未知之数。

由此可见，与人交往，我们要尽力回避他人忌讳的话题，尤其不要当众揭别人的短，在对方的伤口上撒盐，毕竟每个人的心底都有不愿被提起的隐私。我们唯有尽量把话说得委婉动听一点，才能最大限度地减弱语言的刺激性，以免勾起对方的痛苦回忆。

管好自己的嘴巴，这个世界上从来不少祸从口出。至于要怎么做才能避免言语伤及他人的面子，不妨看看下面两点小小的建议。

常言道，“知己知彼，百战不殆”。我们首先要做到的就是了解对方的优点和缺点。和人来往，务必多多夸奖对方的长处，并竭力避免触及对方的短处。只有这样，我们才不会莽撞地进入揭短的误区。其次，不要当着众人的面，提及对方的不光彩往事，毕竟人人都好面子，重尊严，大家都希望过往的失意之事随风散去，永不再来。

掌握以上两点后，在人际交往中，应该不会轻易出现说话揭人短的尴尬事了。要考虑好说什么话，该怎么说。只有耳聪目明的人才能避开人性的盲区，维护他人的面子。

当众指责的潜台词就是“割袍断义”

看到这个标题的时候，我想起了湖南卫视的一档明星亲子旅行生存体验真人秀节目《爸爸去哪儿》中的一个有趣的片段。

“小胖妞”王诗龄在玩皮影纸人时，突然和自己亲爱的爸爸王岳伦发生了小小的争执。

两人的矛盾起源于王诗龄的不听话，她拿着皮影纸人瞎捣乱，而王岳伦为了制止她这种顽皮的行为，不让她把皮影纸弄坏，并影响到其他人，于是出言训斥了她几句，并拿走了“小胖妞”手中的皮影纸。这一下，可把“小胖妞”惹恼了，她冲着王岳伦大喊大叫：“给我！”王岳伦自然没有理会她，还警告她不要再这样发脾气。

接下来的一幕，让所有的观众都忍俊不禁，只见“小胖妞”气呼呼地离开了，她一边往外走，还一边脱下身上的衣服。恼羞成怒的王岳伦，连忙赶了过去，严厉地对“小胖妞”说道：“你再这样，爸爸就把你送回家去。”可“小胖妞”完全把这话当作耳边风，还是执意解开衣服的扣子。这时，王岳伦一把抓住“小胖妞”的手，再一次重申自己刚才所说的话。

“小胖妞”大概是被爸爸的严厉吓着了，突然“哇”地一声，号啕大哭起来。王岳伦连忙紧紧地搂住宝贝女儿，把她抱到自己的膝盖上坐着。此时，“小胖妞”还委屈地在爸爸的怀里哭个不停，王岳伦则一边给她说道理，一边用温情的话语安慰她。

最后，“小胖妞”承诺再也不当着众人的面乱发脾气了，而王岳伦则怜爱地说了一句：“爸爸爱你，别哭了，有人在看你呢！”

这个充满温情和趣味的画面，让许多内心柔软的观众也情不自禁地跟着“小胖妞”一起落泪。人生在世，有这样的爸爸陪伴守护在身边，是多么幸福的事呀！

事后，王岳伦在接受采访时，曾说过这样的话：“以前她闹脾气的时候，我就有点手足无措，不知道该怎么说，或是说得不得法，现在慢慢知道该怎么去说她了。小孩也有她的面子和尊严，但你要分事，如果每次都避免在人多的时候批评她，然后单独再跟她讲道理，其实她下一次还会再犯的，因为她知道你不敢在人多的时候说她，所以她就会有这种潜意识。而我觉得，有时候就是要当着别人的面说她，让她知道有陌生人在的情况下，爸爸也一定会批评你！”

确实如此，如果小孩子调皮捣蛋，家长在教育的时候，一定要懂得顾及他们的面子和尊严，不要总是当着众人的面，严厉地指责其过错和不足，因为这样做不仅会严重挫伤孩子们的自尊心，有时候甚至还会适得其反，激起他们的逆反心理。

当然，当众批评与否，自然也要分事，像“小胖妞”王诗龄的这种情况，王岳伦的处理措施堪称父母们的典范。

不过话又说回来，小孩子的世界毕竟不同于成人的世界，前者单纯天真，简单得如同一个美好的童话王国，后者相对而言就要复杂许多了。不管父母有没有当众批评自己，小孩子事后通常都不会太将这事儿放在心上，更谈不上为此耿耿于怀，尤其像“小胖妞”王诗龄那样的小朋友，完全属于给点阳光就能灿烂一整天的乐天派。

而在成人的世界里，则往往“饿死事小，失节事大”，一旦自己被别人当众指责，一定会感觉下不来台，十有八九还会产生激烈的负面情绪。如此一来，指责者非但没有成功地说服被指责者，使其心悦诚服地接纳自己的批评，反而损伤了被指责者的颜面和自尊，让他们对指责者心生反感、痛恨和厌恶。

另外，当我们当众指责一个人的时候，注意力一般都会集中在对方的错误或是缺点上。久而久之，我们就会感觉在这个世界上，除了自己似乎再无称心如意之人。

毫无疑问，这种消极的认知势必会在我们的内心产生难以负荷的消极能量，最后迫使我们成为一个吹毛求疵、心胸狭隘之人，一来得不到众人的喜欢，二来也让自己时刻处于抑郁愁闷的情绪之中。

古语有云：“人非圣贤，孰能无过。”而有些人总是喜欢当众指明他人的过错，或许在这些人的眼里，自己是出于热心和好心，在帮助那些犯错的人改正缺点和错误。可殊不知，每个人都不是完美无缺的圣人，当我们当众指责别人的时候，说不定别人心里刚好也憋着许多对我们的不满与批评之词呢。

其实，想要指明他人过错也不是没有更好的办法，善于表达的人，即使当众批评他人，也能顺利做到“良药不苦口，忠言不逆耳”，让对方心甘情愿地接受批评和忠告。

如果我们在批评他人的时候，采取温和的方式，轻声细语，满面和善，又何愁对方不会意识到自己的错误，并且及时地予以改正呢？

总而言之，与其“狂风暴雨”般地教训别人，还不如给对方喂进去一颗裹着糖衣的苦药丸，这样做既能让别人接受自己的批评意见，又很好地顾全了对方的面子和自尊。

卡耐基曾说：“喜欢被人认可，感觉自己很重要，是人不同于其他低级动物的主要特性。”因此，我们在人际交往中，一定要注意细心呵护和满足对方的这种心理需求，尽量不要当众指责对方，让其脸面受损，破坏他们想要被人认可和喜欢的美好愿望。

要知道，只有当我们设身处地地为对方的面子和自尊着想时，对方才不会狠下心来，与我们“割袍断义”，断绝彼此之间的联系和情分。

记住别人的名字不只是一种礼貌

在任何一段人际关系中，牢牢记住别人的名字，往往不只是一种礼貌，还是一种对他人的尊重和体贴。

对于名字的主人来说，名字不仅仅是一个简简单单的代号，透过名字，他们可以观测到自己在他人心目中的位置。如果有人记不住自己的名字，这通常就意味着此人忽视了他们的存在。而在人际交往中，一个连基本的尊重和关注都懒得给予的人，别人自然也就没有必要花费自己宝贵的心思在其身上。

卡耐基曾经说过："一种既简单又最重要的获取好感的方法，就是牢记别人的姓名。"人际交往的第一步永远都是从对方的名字开始，因此，我们能否记住别人的名字，可能直接影响到我们能否成功打开对方那关得严严实实的心门。

吉姆·法里没有读过高中，可就在他 46 岁那年，四所大学却出人意料地授予其荣誉学位。不仅如此，他还成了美国民主党全国委员会主席、美国邮政总局局长。

很多人对他的辉煌经历感到惊奇："你成功的秘诀是什么？可否跟我们分享一下？"

"很简单，努力工作就行！"吉姆·法里如是说。

“不可能吧，听说你可以一字不差地记住一万个人的名字。”

“不，你搞错了！”吉姆·法里自信满满地说：“我能记住的名字可不止一万个，最少也有五万个！”

这就是吉姆·法里的过人之处。每当他认识一个人时，都会问清楚他的全名、家庭住址、家庭情况、从事的职业以及所持的政治立场等，然后再经过反复记忆，把这些信息深深地镌刻在自己的脑海里。

不管过去多少年，当他再次与这个人相遇时，他依然能够清楚地叫出对方的名字，并热情地迎上前去，拍一拍对方的肩膀，仔细询问一下其最近的家庭、工作状况，嘘寒问暖一番。

正是因为吉姆·法里的用心和亲切，被他叫出名字的那些人都对他怀有一种与众不同的好感，彼此间也慢慢地建立了良好的关系。

吉姆·法里曾说：“记住人家的名字，而且能轻易地叫出来，等于给别人一个巧妙而有效的赞美。因为我很早就发现，人们把自己的姓名看得很重要。”其实，与其说人们把自己的姓名看得极为重要，还不如说人们的内心都非常渴望被他人重视，而名字刚好就是这种需求的最佳载体。

因此，当吉姆·法里热情洋溢地叫出一个人的名字时，对方从中感受到的不仅仅是他表现出来的礼貌，更是一种发自内心的尊重和赞美。

得益于这项本领，吉姆·法里最终成为罗斯福幕僚群中的一员，在罗斯福竞选美国总统时，他还马不停蹄地搭乘火车，穿梭往来于中西部各州，友善亲切地与当地民众进行推心置腹的交谈，时不时还一起集会和吃饭，一边感受他们的真实心声，一边大力宣传罗斯福的政见。

回到罗斯福身边后，吉姆·法里又致信给各州的朋友们，恳请他们列出所有与会人士的姓名和家庭住址，然后装订成册邮寄给他。没过多久，吉姆·法里就收到了这本多达数万人的名册，他决定不辞辛苦，亲自写信给名册上的每一位民众。

在信件的开头，吉姆·法里就亲切地直呼对方的名字，比如“亲爱的约翰”“亲爱的安娜”“亲爱的比尔”等，最后，他还会在信件末尾署上自己的名字“吉姆”。

正所谓：“精诚所至，金石为开。”如此用心地对待每一位选民，吉姆·法里的辛勤付出最终换回了选民们对罗斯福的拥护和支持，帮助其顺利入主白宫。

名字之于每一个人，即便称不上是最重要的东西，也是最为熟悉的东西，因为我们从出生到去世，无不与名字联系在一块儿。一个人不能没有名字，名字是我们区别于其他人的重要标志，这看似简简单单的几个字，一旦被人轻松而又亲切地叫出来，我们的内心一定会深受感动。

因此，当我们与人来往时，牢记对方的姓名绝对是一件重要的事情。把对方的名字存在手机里，或是写在纸条上，都有助于我们在第一时间叫出对方的名字，唯有如此，对方才会敞开心扉，和我们越走越近，越走越亲。

心里可以不喜欢，嘴上一定要客套

小孩子的世界总是天真烂漫、童趣盎然的，在孩子们的眼里，如果世界呈现出来的是一个大大的圆形，那他们就绝对不会自欺欺人地说世界是一个方形。同理，若是他们不喜欢一个人，那他们的言行举止也一定不会悖逆自己内心最真实的想法。

因此，“童言无忌”永远是小孩子独有的特权。相反，成人就没有那么幸运了，说出的话一旦不得人心，就会被毫不留情地冠以“口无遮拦”的称号。

其实，反观我们成年以来的岁月，每个人或多或少都说过一些让别人感觉不怎么中听的话，有时候若是不走运，说不定还会“因言获罪”，得罪了和我们打交道的那个人，从此埋下一颗定时炸弹。

在这个世界上，从来没有无缘无故的爱，也没有无缘无故的恨，如果我们只是因为没有把话说得更好听一点而给自己树立了一些莫名其妙的敌人，这未免也太不划算了！

《快乐大本营》的主持人何炅曾说：“你中意穿平底鞋，可是你的节目却要你必须在七寸高跟鞋上一站十个小时；你今天不想多说，可是你的观众偏偏最期待的就是你巧舌如簧，口若悬河；你不喜欢今天的嘉宾，可是你的职业要求你成全甚至是添油加醋他最光彩的一面。”

对于一个综艺节目的主持人来讲，面对有些自己不喜欢的嘉宾，他们为了让节目能够顺利地进行下去，有时候确实不得不暂时藏好自己内心的反感，说一些言不由衷的客套话，给嘉宾戴高帽、唱赞歌。

虽然心里不喜欢，但嘴上却一定要客套，归根结底，还是因为主持人的工作性质太过独特。大多数时候，一档综艺节目之所以能够博得观众的眼球，除了节目的主持人要有一定的魅力，所请的明星嘉宾更是支撑起这档节目的半边天。

正是基于这层利益关系的考量，主持人在和嘉宾的交流过程中，必须时刻控制好自己的爱憎情绪，谨守必要的礼仪，以免损伤对方的颜面，破坏彼此的荧屏互动，毁掉自己的大好事业。

其实，何炅的这番话不仅适用于主持人这个职业，对于大多数人来说，同样也颇具借鉴意义。在平时的人际交往中，不管我们喜不喜欢对方，嘴上说出来的话必须客套有礼，一方面，这是我们对一个人应有的礼貌和尊重；另一方面，这也是我们为建立彼此良好的人际关系所做的一种长远打算。

所谓的客套话，不过就是一些礼貌用语，最常见的莫过于“你好”“对不起”“没关系”“谢谢”以及“不用谢”等。在平时的工作或是生活中，语言是联系人与人之间关系的最好纽带。俗话说，“人要衣装，佛要金装”，语言自然也离不开客套的包装。

如果我们基于内心的厌恶，不愿意对别人嘘寒问暖或是礼貌相待，那别人肯定会觉得自己的面子挂不住，从此对我们敬而远之。

既然如此，那我们不说话总行了吧。这也行不通，因为如果我们连一句最为普通的客套话都不肯给别人，那难免会在对方的心目中留下一种冷酷的感觉，长此以往，只怕会人心尽失。

举例来说，老程和老王在同一家单位工作，两个人都非常不喜欢单位领导的官僚作风。老程每次都会在背后乱嚼领导的舌根，骂骂咧咧，过过嘴瘾。

而老王呢，因为深谙“谁人背后无是非”的道理，所以从来不在背后说领导的闲话。不仅如此，他也从来没有在人前人后批评过任何一位同事。

有一次，单位领导生病住院，大伙儿结伴去医院探望。老王最先走进病房，一见到领导，他就立马冲到病床前，紧紧地握住领导的手，关切地问道：“老领导，您的身体好些了吗？有什么需要我帮助的，您尽管开口，我愿意随时为您效劳！得知您生病住院后，我心里真的非常难过，真心盼望您快点康复！”末了，他还加上一句：“等您身体好了，我一定要请您打一场高尔夫球啊！”老领导听到属下这么一说，精神立马为之一振，满脸的病色竟然减了三分。

其他同事眼见老王把客套话都说尽了，一个个只好在老领导面前强颜欢笑，半天也说不出一个字，尤其是老程，总觉得老王在拍领导的马屁。

一个月后，老领导身体痊愈出院了。他回到单位后，立马找老王打了一场高尔夫球，两个人边打球边聊天，真是谈笑风生，好不开心！老王原先还觉得老领导作风有些官僚，可认识深了之后才发现他其实是一个阅历丰富又十分有趣的人。

老领导对老王也越来越刮目相看，他非常欣赏老王的与人为善，而单位正好缺一个擅长处理人际关系的主管，老王绝对是该职位的不二人选。

老程觉得客套是低三下四和虚伪的表现，这种理解其实过于片面和狭隘。

人类是一种情感动物，出于情感交流的需求，人与人之间的交往才屡见不鲜。因此，为了维持这种良好的互动，我们必须借助客套话来叩响对方的心扉，从而加深彼此的了解，增进双方的友谊。

有人觉得说客套话很难，其实不过就是看人下菜碟。打个比方，和女性打交道，夸赞对方花容月貌绝对错不了；和男性来往，称赞其事业有成肯定会让其心满意足。

总之，在某种程度上，客套话就是礼貌和尊重的代名词，它好比一剂润滑油，让人与人之间的关系变得融洽友善，不再那么轻易地就催生出误会和隔阂。

咄咄逼人只会让“有理”变成“理亏”

最近，朋友肖芳和她老公因为一些生活琐事吵得不可开交，一气之下，她收拾了几件换洗衣服冲回了娘家，打算长时间和她老公冷战。

她咬牙切齿地说：“这次我非得让他给我下跪认错不可！”说完，她狠狠地灌了一口冷水，大冷天的，这不是自己找罪受吗？

“你别玩过火了，男人可都是要面子的，咱好好说成吗？”

“我可管不着这么多了！每次吃完饭让他立马把碗筷给洗了，可他总是拖拖拉拉，第二天早上起来，厨房里还是一片狼藉，我看着就心烦！”原来，这又是家务事惹的祸！

肖芳和她老公原本就约定好，周一、周三和周五由她做饭洗碗，周二、周四和周六则由她老公负责，周日不用开火，全家外出下馆子。只是有一点，彼此负责做饭洗碗的那一天，用餐后的碗筷必须当日就洗干净，绝对不能留到第二天。

约定后，两个人坚持了不到一个礼拜，肖芳的老公就开始有点“心不在焉”了，每次吃完饭，他就习惯性地把碗筷一丢，自个儿玩自个儿地去了。

肖芳为这事儿说了她老公好多次，可他依旧是充耳不闻。起初，肖芳早上起来，还耐着性子收拾厨房，可一连做了好几天，她终于“火山爆发”了。

“你到底是不是男人啊？做事有头有尾行吗？老是不洗碗，全推在我身上，我难道不累啊？你又没给我发薪水，凭什么让我当老妈子啊？”劈头盖脸就是一顿臭骂，肖芳越说越来气，以至于见到什么东西，就拿起来砸个稀巴烂。

肖芳的老公快被吓死了，他连忙抱着肖芳求饶，“老婆，你消消气，消消气，这事儿全赖我，以后我再也不犯了，好么？”

肖芳还是得理不饶人，继续朝着她老公骂骂咧咧，越说越难听，完全刹不住自己的嘴巴：“我当初就是瞎了眼，看上你这么一个好吃懒做、毫无责任心的臭男人……”

听到这些有伤颜面和自尊的话，肖芳老公的脸开始变得阴沉起来，他冷冷地说了一句：“既然我这么没用，那你不妨再考虑一下，要走要留，悉听尊便！”

“他竟然对我说出这种话，你说可气不可气，我当然要离家出走了！”肖芳回忆起当日的冲突，依旧满肚子的不满和委屈。

我无奈一笑，摇了摇头，说：“他对你说的话，哪有你对他说的话难听，早就跟你说了，男人非常爱面子，你句句话都在打他的脸，他能不跟你置气吗？”

肖芳不服气地说：“那他有错在先啊！我对他发脾气又不是在无理取闹！”

“他有错，你可以心平气和地跟他指出来，或是尝试其他的解决办法，一味地发火有用吗？况且他都跟你认错讨饶了，你还咄咄逼人、伤其颜面，就算你再有理，也变无理了！”

其实，我们待人处事固然要“得理”，但也绝对不能因此就“不饶人”。在我看来，朋友肖芳对她老公发脾气，无非是为了发泄她对老公“不洗碗筷”的不满情绪，其最终的目的还是希望老公“迷途知返”，当日事当日毕。既然目的那么简单明晰，何不实际一点，采取柔缓的方式和手段让老公改正这个小毛病呢？

与人来往，若是遭遇争执，我们与其理直气壮地去教训对方，还不如和气一点，这样既顾全了对方的颜面，也轻轻松松地达到了说服和改变他人的目的。

每个人的价值观、生活方式以及性格都有所不同，因此生活中出现分歧和矛盾是在所难免的。然而，许多时候，占据有理一方的我们，一旦陷入斗争的漩涡，就会不由自主地急红眼，扯着嗓子和别人唇枪舌剑。

其实，争论不为别的，一方面是为了自己的面子，另一方面则是为了自己的利益，因此特别容易发展到“得理不饶人”的地步，最后非逼得对方鸣金收兵或缴械投降不可。

可不管最后的结局是什么，即便我们吹响了胜利的号角，却还是给别人留下了一种斤斤计较、小肚鸡肠的坏印象。长此以往，没有人会愿意和我们打交道，而我们难免成为孤家寡人。

更有甚者，如果我们咄咄逼人，让对方走投无路，很有可能会激起对方的“求生”意志，逼得其不得不对我们采取非常手段。如此一来，我们受到伤害的可能性会大大增加。

意识到这一点之后，我们自然就不能再放任自己咄咄逼人了。因此，在别人理亏之时，我们不妨拿出“海纳百川，有容乃大”的胸襟，给对方一条“生路”，顾全其面子和尊严。

我们若是选择“得饶人处且饶人”，那么假以时日，若彼此角色互换，他强我弱，说不定对方也会“退一步海阔天空”。

那我们要怎么做，才能让自己在“得理”时，心平气和地“饶人”呢？

马克·吐温曾说：“紫罗兰把它的香气留在那踩扁了它的脚踝上。这就是宽恕。”从这句话中，我们不难看出，若是想要和“咄咄逼人”保持距离，首先，就得学会宽容。

要知道，在人际交往中，几乎没有人喜欢心胸狭隘、缺乏肚量的人，因此，凡事宽容一点，谦和一点，退让一点，我们才能为自己博得好人缘。

其次，要善于理解。一个通情达理、处处为他人着想的人在交际中往往更得人心，而咄咄逼人之辈之所以让人心生反感和厌恶，正是因为其胡搅蛮缠、自私自利，全然不顾他人的颜面和自尊，硬生生将自己由“有理”变成“无理”。

最后，还要懂得适可而止。如果旁敲侧击就能让理屈之人明白自己的过错或缺点，我们又何必大张旗鼓，将彼此的争执和分歧闹得人尽皆知呢？常言道，凡事过犹不及。高手过招尚且点到为止，我们普通人之间的较量更无须大动干戈了。

唐朝布袋和尚有首打油诗：“手把青秧插满田，低头便见水中天。心地清净方为道，退步原来是向前。”好一个“退步原来是向前”！谦让和隐忍并没有让我们失去自己的脸面，反倒是彰显出我们的风度和胸怀，赢得他人的尊重和喜爱。而一个喜欢咄咄逼人，不给他人留一点余地的人，即便再怎么占据“有理”的上风，也会被自己的“得理不饶人”击败。

找到玩笑和嘲笑的平衡点

大学时代，我特别喜欢王小波的文字。崇尚有趣的人，应该都能从王小波的文字中寻找到轻松和快乐，尤其是他的杂文，每每读来，总是让人忍俊不禁，也不乏有用的启发。

其实，王小波的行文风格也并非首创，他深受英国哲学家罗素的影响，字里行间无不洋溢着趣味与快乐。罗素为人向来幽默，据说，他曾于1920年来过中国，可到中国后没多久，他就生了一场大病。

病后，罗素因为身体不适，拒绝了任何记者的采访，于是，一家对此很不满意的日本报社，随即谎登了罗素已经去世的消息。事后，虽然双方为此有所交涉，可这家日本报社仍然不愿意撤回此消息，罗素也只好无奈作罢。

后来，罗素在他回国的路上，取道日本，这家报社又设法采访他。作为报复，罗素让他的秘书给每个记者分发印好的字条，纸上写着："由于罗素先生已死，他无法接受采访。"

读完这个小故事后，相信很多人都会倾倒于罗素先生绝妙的幽默感。在罗素看来，既然这家日本报社已经向大众宣布了他离世的噩耗，他何不将计就计，以"死人无法接受采访"这一情理之中的逻辑论断，回敬对方一下呢？这家日本报社自作主张，谎登罗素已经去世的消息，那也就别怪罗素先生不愿意接受他们的采访了。

我想，这大概就是所谓的“人不犯我，我不犯人，人若犯我，我必犯人”。只不过，罗素先生的修养和胸襟，容不得他和别人面对面地发生肢体冲突，此时，幽默的言语才是回应争执和分歧的最佳工具，一来既化解了彼此的尴尬，二来又博得了众人一笑，真是一举两得，益处颇多啊！

幽默大师卓别林说过：“幽默是智慧的最高表现，具有幽默感的人最富有个人魅力，他不仅能与别人愉快地相处，更重要的是拥有一个快乐的人生。”由此可见，我们在人际交往中，一定要适时恰当地运用幽默，能开别人的玩笑，也能开自己的玩笑，这样既可以活跃气氛，也能和别人愉快相处。

会开玩笑，懂得幽默的人，绝对是一个善于调节气氛、松弛神经、娱乐大众的可爱之人，其所到之处，无不充满着欢声笑语。当然，幽默和玩笑虽好，我们也绝对不能滥用，因为玩笑一旦开过头，很容易就会演变成嘲笑，到时候，不仅会使我们自己陷入尴尬和困境，连带也会损伤他人的颜面，进而导致彼此的关系出现裂痕。

举例来说，一位年轻人去参加朋友父亲的葬礼，当他看到朋友正为失去挚亲而伤心落泪时，他突然想到可以开个玩笑，好让处于悲伤中的朋友不那么难过。

于是，他笑着对朋友说道：“你老爸生前一定是一个个性强硬之人，不信你看，他现在从头到脚都是僵硬的！”此话一出，非但没有化解朋友的悲痛，反而让众人视其为无礼滑稽的小丑，最后把他从葬礼中赶了出去。

故事中的年轻人明明是一番好心，可却还是因为玩笑开过头，得不到大伙儿的认可和感激。既然开玩笑有着诸多的禁忌，那么，我们又该如何把握开玩笑的分寸，找到玩笑和嘲笑之间的那个平衡点呢？

1. 要态度友善。

开玩笑无非就是博人一乐，在这个过程中，人与人之间传递的应该是温暖、友善和轻松。

如果我们的内心摒弃了“与人为善”这个最高准则，借着开玩笑对别人冷嘲热讽，指桑骂槐，那绝对会“偷鸡不成蚀把米”，损失了一大帮朋友不说，还树敌不少，让自己置身于被鄙视、厌恶的困窘之地。

2. 要看人下菜碟。

俗话说：“人上一百，形形色色。”人们由于性格、性别、年龄、经历以及身份的不同，有着一定的心理差异，因此，同一个玩笑，甲或许能乐在其中，乙却不一定能轻松视之。这就要求我们在开玩笑的时候，务必懂得看人下菜碟，别不分对象，张口就是一句玩笑话，最后徒惹对方不悦还不自知。

3. 要分清场合。

一般来说，在教堂、医院等严肃庄重的场合，不宜开玩笑。另外，在悲伤的气氛中，我们也不能贸然说笑，以免他人误会我们对其缺乏尊重。如果是在充满喜庆的场合，我们就要注意自己所开的玩笑是否能增添喜庆的色彩，如若不能，最好还是三缄其口，免得扫兴。

4. 要避开忌讳。

在这个世界上，金无足赤，人无完人，每一个人都有自己的缺陷和不足。如果我们总是当着和尚的面骂秃子，当着盲人的面谈灯泡，那就好比在人家伤口上撒盐，伤害在所难免。因此，我们一定要避开这些忌讳，不要随意拿他人的短处或是隐私开玩笑。

人们常说，天堂和地狱，只有一线之隔，而玩笑和嘲笑也是如此。其实，玩笑话就好比一把双刃剑，用得好时，自然是皆大欢喜；行得偏了，免不了伤人又伤己。

在平时的工作或生活中，会开玩笑的人，往往特别容易受到大众的欢迎，他们凭借一个得体大方的玩笑，就能给人们带来非比寻常的欢乐，并因此迅速获得人们的好感。但是，如若他们没有把握好开玩笑的“度”，让别人感觉他们是在嘲笑、奚落自己，那他们十有八九会从天堂坠落到地狱，境遇之悬殊，让人咋舌。

由此可见，我们若是想通过玩笑来调节人与人之间的气氛，那一定要谨记一点，凡是涉及人身的，有批评意味的，涉及敏感问题以及隐私问题的玩笑要少开。因为与这些东西沾边的任何玩笑，通常都不能起到让人愉快的作用，一旦没开好，玩笑就会沦为嘲笑，带着挑衅对方的火药味，徒增对方不悦之感。

用最好听的话说“不”

很多时候，我们因为害怕伤害别人，所以总是隐忍住心中那份想要说“不”的渴望。可这样做又有什么好处呢？当别人有求于我们时，肯定希望我们能心甘情愿且尽心尽力地把委托给我们的事情办好，但如果我们没办法做到心甘情愿，又何来尽心尽力呢？

因此，与其囫囵吞枣式地去完成他人央求我们去做的事儿，还不如一开始就直接道出自己的心声，婉拒他人的请求。

“小李，帮我倒杯水！”“小李，帮我复印一份资料！”“小李，帮我带一份盖饭！”“小李，帮我写一份工作报告！”“小李，……”至今，我还依稀记得毕业后的第一份工作带给自己的疲惫感觉，那时候的我就像一个陀螺，每天都在众人的吆喝中高速地运转。

面对同事们的众多请求，即便我心里浮现出的是一个“不”字，下一秒脱口而出的仍旧是一个“好”字。

可想而知这样的我，在同事们的眼里，俨然就是一张随手可撕的“便利贴”，用过之后，他们也未必惦记着我的“予取予求”。

为此，我曾无数次地质问自己：“当别人纷纷找你帮忙时，有时候你明明忙不过来，并且心里也确实不愿意去做，但为什么就是不敢说出一个‘不’字呢？”

幸亏身边还有一个从事心理教学的表姐，她对我说的一番话，让我如梦初醒：“其实，从心理学的角度看，不会拒绝别人，在人际交往中是一种常见的心理脆弱的表现。”

表姐口中所谓的“心理脆弱”，即非常害怕拒绝别人后会伤害到对方，所以每次都会委曲求全，违背自己真实的心声，答应别人的请求。

在表姐看来，即便一个人害怕拒绝别人后伤害到对方，那也无法证明其就是一个善良的人，因为这纯粹是个人的心态和性格问题。因此，在某种程度上而言，当年的我之所以害怕拒绝别人，不敢对别人说一个“不”字，完全是因为自己喜欢追求个人道德品质的完美。

许多心理学家认为，当一个人过分在意别人对自己的评价，总想给对方留下一个好印象时，那么其在拒绝别人方面，多多少少会存在一些心理障碍。

“这种心态现在已经给你造成很大的心理压力了，你看，你现在不是就觉得很累么？”表姐温柔地注视着我，仿佛我就是一个渴望得到他人认同的小孩子。

表姐的分析好像都击中了我的内心，于是我又继续问道:“那我该怎么办呢？我真的说不出‘不’！”

表姐笑着安慰道：“别着急，你要明白，真正的友谊是不会因为你的一次拒绝就破裂的，人心也不会脆弱到因为你的一次拒绝而出现裂痕。你要做的，就是调整好自己的心态，想说‘不’的时候，不要勉强自己曲意迎合。”

“那别人不谅解该怎么办？”我有点担心。

“不会的，只要你真诚、明确地把拒绝的理由，你的难处和苦衷告诉对方，对方一般都能谅解，毕竟这是人之常情。即便有人不谅解，也只是一时的。再说了，你没有必要去顾全所有人的情绪，你又不是救世主！”

“你又不是救世主”这一句话让我恍然大悟，当了一年多的“便利贴”女孩，同事们叫我帮忙，我总是老实巴交地答应。可我没想到自己的有求必应会把自己弄得那么疲劳。我不是救世主，也没有能力当救世主，更没有本事去顾全所有人的情绪，所以根本就没有必要应承下来别人的所有请求。

相信很多朋友也有过像我这样的经历，对于别人的请求就是做不到拒绝，即便自己内心左右为难，却始终无法勇敢地说“不”。

其实，与人为善并没有错，乐于助人更是美德，只是如果经常性的“为善”和“助人”给我们带来心理负担的话，那我们确实也该反思一下这种“便利贴”究竟做得还是做不得了。

就像我那位做心理学教师的表姐所分析的，很多时候促使我们无法拒绝别人的原因往往是我们个人的性格和心态方面的缺陷。追求个人道德的完美，会让我们在拒绝别人请求的时候产生一种“罪恶感”，而这种“罪恶感”会降低我们对自己为人的评价。谁都不想让自己或是别人觉得“我很糟糕”，所以，我们对于说一个“不”字总是避之不及，如鲠在喉。

有一位终日活在痛苦中的年轻人，对禅师说：“大师，您能赐予我解除痛苦的良方吗？”

禅师摇了摇头，说：“若想与痛苦绝缘，关键还得靠自己去领悟。”

之后的第一天，禅师问年轻人领悟到了什么？他说不知道，禅师便举起戒尺打了他一下；第二天，禅师又问，他仍说不知道，禅师又举起戒尺打了他一下；第三天，他仍旧是一无所悟，当禅师举起戒尺，作势要打他时，他却抬起右臂挡住了。

于是，禅师笑道：“你终于悟出了解除痛苦的良方——拒绝痛苦。”

这个故事告诉我们，若不想痛苦驻扎在自己的心里，首先就得学会拒绝痛苦；同理，我们若是不愿意去做别人所托之事，最好还是张嘴说“不”。

当然，为了避免伤及他人的颜面和自尊，我们在拒绝别人每时，一定要口齿伶俐，用上恰当的婉拒之词。

就拿我的经历来说吧，当有同事请我帮她写一份工作报告时，我若是不愿意帮忙，便会笑嘻嘻地对她说：“别开玩笑啦，大伙儿都知道，你是咱们办公室文采最好的大才女，我要是帮你写工作报告，那还不是班门弄斧，徒惹他人笑话，要不你还是自己写吧，我就不丢人现眼了！”

要知道，在这世上，还真找不出不爱听奉承、赞美的人来。因此，当我们拒绝别人时，给对方戴高帽终归是错不到哪去的，到最后，相信对方会欣然去干自己的事。

除了戴高帽，拒绝别人还有别的好法子，比如向对方真诚地说出我们拒绝的理由，以及自己的苦衷和难处，并且附上我们拒绝他之后自己不舒服的感觉，“这次不能帮上你的忙，我真的很不好意思！感觉非常对不起你！”

此话一出，别人肯定不会觉得被我们拒绝是一件丢脸伤颜面的事儿，尤其是当我们在对话结尾的时候，用充满信任的语气加上一句，“我相信你肯定能理解我！对不对？”对方更是不好意思对我们横眉瞪眼，大动肝火，毕竟谁都愿意自己在别人的心目中是一个通情达理且善解人意的人。

在这之前，我们首先要明白一个道理，那就是与其勉为其难地答应别人的请求，弄得自己不舒服，万一办砸了，别人还不高兴，还不如一步一步向对方陈述出自己拒绝的理由和苦衷。

每个人都有同理心，只要我们辞恳意切，言语中听，对方一定能谅解我们的难处，并且感受到我们的友善、真诚。说到底，只要我们掌握了方法和技巧，学会用最好听的话去说“不”，那甩掉“便利贴”的称号便指日可待。

替别人圆场就是给自己加分

与人打交道，对方难免会有身陷尴尬境地的时候，一旦遇到这种情况，我们可不要袖手旁观，隔岸观火，更不要落井下石，给别人的烦心事上再添一层堵。

我们要做的，就是尽量替别人打圆场，努力给对方找一个台阶下，这样做不仅能迅速博得对方的好感，可能对方还会觉得欠我们一个人情，必要时候，这或许就是能帮助我们脱离险境的超强人脉。

有人觉得，打圆场就是在和稀泥，为了调和纷争，无原则地去调和折中。可我并不这么认为，打圆场其实是从善意的角度出发，以特定的话语去缓和紧张气氛、调节人际关系的一种语言行为，在日常生活中有着积极的意义。

可以毫不夸张地说一句，打圆场非但不是不着边际的奉承，更不是油腔滑调的诡辩，而是一种说话的艺术。当我们在人际交往中通过察言观色意识到对方处于困境时，适时地替对方打一下圆场，就能给对方一个合适的台阶下，帮助其摆脱烦恼和尴尬，也顺便替自己在他人心目中加个分。如此一来，岂不是两全其美吗？

虽说圆场如救火，但我们也要施救准确，不要好心办了坏事，火上浇油，给对方增添许多不必要的麻烦。

1. 转移话题，制造轻松气氛。

在交际场合中，当尴尬或僵局出现时，有些人或许会因为情绪上的冲动，从而在某些问题上互不相让。此时，我们不妨及时地岔开这个话题，巧妙地用一些愉快、轻松、有趣的话题来活跃气氛，转移双方的注意力，让争执和矛盾暂时停歇在一边。

打个比方，饭桌上，当朋友之间为了某个问题争得不可开交时，我们何不轻松地插上一句："你们再不停战，今晚，饭桌上的美味佳肴就都要在我的肚子里过夜了！"如此诙谐的一句话，会让处于争执中的双方平静下来，回归到共进晚餐的美好氛围中。

2. 配合圆谎，天衣无缝。

替别人打圆场时，对方所说的话或许是一个善意的谎言，出于好心，我们万万不可拆对方的台；相反，我们还要绞尽脑汁，配合对方一起圆谎。只有这样，我们才能做到天衣无缝，不留下任何漏洞让其他人察觉。

当别人顺利突围，摆脱困境时，会对我们心存感激，并给我们的为人加分。若以后我们需要别人帮忙，相信对方也会对我们施以援手。

3. 巧用幽默，给人台阶。

幽默是人际关系的润滑剂，也是松弛气氛的调节剂，替别人打圆场时，巧妙地运用幽默，可以成功地消除尴尬的场面气氛，缓和人与人之间的关系。

举个例子，丈夫和妻子去餐馆吃饭，点了一道菜——“蚂蚁上树”，可端来的菜盘里只有粉丝不见肉沫。妻子很生气，故作不知地问道：“服务员，这道菜叫什么？”

服务员瞅了菜盘一眼，说道：“蚂蚁上树。”

“是吗？那为何只见大树，不见蚂蚁呢？”妻子颇有些兴师问罪的味道。

服务员低头不语，丈夫见状，立马替其打圆场：“老婆，兴许蚂蚁累了，还没爬上树。服务员，麻烦你跟老板说一声，快点给我们换一盘爬得快的蚂蚁。”

话音刚落，如释重负的服务员立马走去厨房，没过多久，就给他们换来一盘既有粉丝，又有肉沫的“蚂蚁上树”。

印度有这么一句谚语：“赠人玫瑰之手，经久犹有余香。”其实，几乎每个人都有着强烈的自尊心和虚荣心，都非常在乎自己在别人心目中的形象。因此，当别人不幸陷入尴尬或是困境中时，如果我们能及时地向对方伸出援手，为其打一下圆场，给对方一个合适的台阶下，使其保住了面子，维护了自尊，那对方会对我们产生好感，给我们加分。

第五章

人情，
是别人记挂你的理由

人情是一种投资，人情也是一种债务。没人愿意欠人情，但每个人又都离不开人情。中国人经常说“滴水之恩，当以涌泉相报”，这是人情能够带来的收益。摸准人情这道脉，何愁人际关系告急呢?

人情是留给自己的一条后路

斯坦福研究中心曾经发表过一份调查报告，在这份极具权威性的报告中，我们发现了一个惊人的事实，那就是“一个人赚的钱，有12.5%来自知识，剩下的87.5%来自关系”。

透过这两个相差悬殊的数据，我们能深刻地体会到“在家靠父母，出门靠朋友”这句俗语的内在含义。

现在这个社会，很多人希望能够得到父辈的庇护，其实说到底还是因为他们不懂得怎么去结交和维系各路朋友，才会将成功的希望寄托在自己的父辈身上。

不过话又说回来，光四处结交朋友并不能让我们走上成功之路，我们若想让手中囤积的人脉发挥作用，在有需要的时候帮上自己的忙，就需要让这些人脉带给我们一些人情。

换言之，就是要想人爱己，己须先爱人。因此，在平时的人际交往中，我们只要见到给人帮忙的机会，就要尽量施以援手。

在当今社会，一个人所拥有的财富不再仅仅局限于金钱，人情往往也是一笔巨大的财富。一个重视情义观念的人，总是能够在乐善好施以及成人之美的同时，扩充人脉。他们深知，天有不测之风云，每个人都有走下坡路的时候，未雨绸缪，多多帮助别人，才能在不知不觉中给自己的“人情账户”囤粮积食，以备日后不时之需。

举例来说，战国时期有一个名叫中山的小国。有一次，中山的国君设宴款待国内的名士，不巧的是，当时宴席上的羊肉羹分量不够，因此，在场的诸位名士并没有全部喝到。

其中，有一个没有喝到羊肉羹的人，名叫司马子期，他为了这点小事怀恨在心。为了报复中山国国君，他竟然跑到了楚国，力劝楚王攻打中山国。

楚国是一个财力雄厚的强国，若攻打中山国，取胜简直易如反掌。后来，中山国被攻破，中山国君只好逃到国外。他逃走时发现有两个人手拿武器跟随着他，于是便好奇地问道：“二位壮士从哪里来，为何紧跟在寡人身后？”

那两个人回答道：“大王不必害怕，您曾经赐予过一壶食物给一个濒死之人，这个人因为您的恩赐才免于死亡，我们两个人正是他的儿子。父亲在临死前曾万般嘱咐我们，中山国若是有任何事变，我俩务必要竭尽全力，誓死捍卫大王您的安全！”

中山国君听后，感慨万千地说道："原来，给予不在乎数量多寡，而在于他人是否需要。施怨不在乎深浅，而在于是否伤了别人的心。我因一杯羊肉羹而亡国，却又因一壶食物而得到两位勇士。"

中山国君万万没有想到，自己在无意之中竟然伤过司马子期的心，也曾在无意之中挽救了一位知恩图报的义士的性命。前者费尽心思让己亡国，后者又尽心尽力护己周全。

从这个故事中我们可以得出这么一个结论：帮助别人其实就是帮助自己。在这个世界上，帮助他人这一善举能体现一个人广阔的胸襟，当我们热情慷慨地对处于困境中的人伸出援手时，那些曾得到过我们帮助的人，必然会将这些恩情铭记在心。就像故事中的中山国君那样，大方地赐予饥饿之人一壶食物，彼此因帮助结缘，等到他面临亡国之灾时，昔日的受恩之人就将那份恩情再次回馈到他本人身上。

这大概就是人们常说的"善有善报"吧。做善事，结善果，我们在无意中储存的人情，往往是留给自己的一条后路。

意识到这一点之后，我们在平时的工作或是生活中，就应该时刻记得提醒自己抓住一切可以帮助别人的机会，广施恩情，才能广结善缘。

其实，关于怎样帮助别人才能储存人情，并没有一成不变的方式。

如对于一个濒临饿死的穷人来说，一碗热腾腾的米饭或是面条，就可能让他熬过饥饿带来的痛苦和绝望，或许还会因此发愤图强，干出一番骄人的成就。

对于一个内心自卑的孩子来说，一句温暖友善的话语或是一个充满信任的眼神，就可能让他抬头挺胸地走出自卑的阴影，从此面带微笑，开始自己的新生活。

由此可见，只要我们有心储备人情财富，那生活中遍地都有需要我们予以帮助的人。毕竟，人是一种群居性的动物，没有谁能脱离一个群体而独立生存。

原始部落的建立，也正是为了借助群体的力量去抵御外敌，维持生存。正如人有五指，一根指头只能去戳戳别人，五根手指合在一起就能变成一个充满力量的拳头，在危险困难面前，才有对抗的底气和勇气。因此，我们一定要学会乐善好施，努力做一个众人需要，且在关键时刻会被想起求助的慷慨热心人士，只有这样，才能广结善缘。

至于那些不愿意帮助别人，还总把别人的困难当作自己得意资本的人，迟早有一天，他的世界会变成一座孤独的岛屿，一步步堵死自己所有可能的后路，等到海水快要淹没这座岛屿的时候，即便他大声呼救，也没有人愿意帮助他脱离险境。

爱默生曾说："人生最美丽的补偿之一，就是人们真诚地帮助别人之后，同时也帮助了自己。"真正聪明的人宁愿人们需要他，而不愿只是让人们感谢他。要知道，有礼貌的恳求比世俗的感谢更富有价值，因为心有所求，便能长久不忘，而感谢之辞从来都是过眼烟云，转瞬即逝。

因此，与其让别人对我们心怀感激，还不如让别人对我们心存依赖。如此一来，向我们寻求帮助的人络绎不绝，而我们又何愁人情账户不充裕呢？

人情是长线投资，别指望着立刻有回报

读《红楼梦》的时候，让我印象最深的是两句话，“世事洞明皆学问，人情练达即文章”。当时觉得，薛宝钗大概是书中最懂人情世故的人了，她或许没有林黛玉那样深得贾宝玉的喜爱，可在贾府大多数人的心中，她是一个善解人意、处处体恤他人的温柔姑娘。

比起清高孤僻的林黛玉，薛宝钗展露出来的永远是与人为善，只要是她能帮上忙的，多会贡献自己的金钱、时间或精力。虽然有许多红学专家和《红楼梦》读者都一致认为林黛玉和贾宝玉才是心灵契合的完美一对，可在我看来，娶妻当娶薛宝钗。

如今社会，一个人是没法凭借一己之力求得一席生存之地的，我们的衣食住行外加工作，几乎没有一样不需要他人的帮

助。若想拥有一个成功的人生，我们还需他人助自己一臂之力。可大家都知道，天底下没有免费的午餐，也很少有无私的帮助，因此，我们必须通过为他人服务来赚取宝贵的人情财富。

看过《水浒传》的人都对一个问题特别感兴趣：为什么宋江这样的一个小押司最后能够当上梁山泊的总头领？诚然，宋江的条件的确拿不出手，但是有一点他确实比任何人都要做得好，那就是乐于助人。只要有人需要帮助，无论对方身份贵贱，宋江都会尽力帮助他。

举个例子，宋江曾经给卖汤药的王公买棺材，给阎婆也买过棺材。按理说，这两个人的身份低贱，对宋江并没有多大用处，可宋江还是愿意贴补他们一些银两。

就这样，那些被宋江帮助过的人，都对宋江的好心念念不忘，所以才会对其大加赞赏。宋江在郓城这个小地方混迹多年，但是他的好名声早已经名扬四海，所以走到哪里，都有人认识他，也知道他就是那个著名的“及时雨”。没有人不喜欢仗义的人，尤其像宋江这种仗义到极致的人，更是深受人们的欢迎，那他当上梁山泊的总头领也就不足为奇了。

由此可见，一个人的成功可能包含一部服务史。当我们热心大方、力所能及地为别人提供服务时，我们也等于为自己投资了一笔人情。从经济学的角度看，乐于助人绝对是一笔稳赚不赔的好生意，它不像我们在银行存储钞票那样，换回的是有着具体数额的本息。人情没有具体的数字可言，它好比一颗种入别人心田的种子，时间一天天地过去，最后结出的是沉甸甸的果实。

有过存款经历的人都知道，存款的时间越长，收获的利息数额也就越大，心急往往吃不了热豆腐，储备人情也是这么一个理儿。大部分人情都是长线投资，我们不能指望在帮助别人后，立刻就能得到对方的回报，这跟培育小树苗一样，需要我们耐心地守候和呵护。

正所谓，路遥知马力，日久见人心。很多时候，感情投资不应该只流于表面功夫，三分钟热度不足以为我们储备一笔有用的人情。唯有抱着长期耕耘的想法，用心灌溉自己种下的人情种子，我们才能在将来的某一天收获甘甜的果实。

指望在投资人情后，立马得到回报的人，其实只是在“揠苗助长”，他们呈现在众人面前的不过是一副急于求成的模样。人与人之间建立理解和信赖的关系需要一个漫长的过程，这也就注定了人情是一笔长线投资。因此，我们要想得到丰厚的回报，就必须让自己浮躁的心平静下来，力所能及地服务他人，帮助他人，只要精诚所至，还怕金石不开吗？

雪中送次炭胜过每天一担柴

当有朋友结婚，或是同事升职的时候，我们往往会给他们送去祝福。这些祝福对他们来说可能不过是稀松平常的一些东西，也并非日常生活之必需或急用之物，所以他们有时可能不会过于将这些心意放在心上。

反倒是当他们因为种种原因而陷入困境的时候，如果我们能够及时伸出援助的双手，给予他们安慰和帮助，他们可能也会铭记在心。

这就是每天送去一担柴和雪中送去一次炭的区别。两者都是给别人送去帮助，为什么得到的待遇却有着这么大差别呢？人们之所以更喜欢他人为自己“雪中送炭”，那是因为在极度艰难的环境里，“炭”能给我们带来温暖，帮我们度过危机。而当我们什么也不缺的时候，别人送来的帮助并不能帮我们解决什么实质性的难题，有时候甚至还会显得有点多余。

这就好比，我身上没有一毛钱，但是却很饿，如果这个时候有人好心地递给我一碗清汤挂面，我肯定会狼吞虎咽地吃完，并对好心人充满感激。倘若我手中有钱，腹中饱足，别人就算天天为我奉上一桌满汉全席，也未必能入我的眼。

其实，从经济学来看，一桌满汉全席的价值肯定要远远胜过一碗清汤挂面。而在现实生活中，往往是困窘时的一碗清汤挂面更能打动人心。

这其中的奥妙就在于“需求”二字。

对于被给予者来说，给予物本身的真实价值并没有太大意义，他们真正在意的是给予物对于自己生活的实际效用有多大。因此，一担柴对于烈火暖身的人来说，实际效用小如浮游，而一块炭在处于冰天雪地的人眼里，实际效用却似救命的良药。

举例来说，张霞和赵雯在同一家花店工作，店长是一个中年妇女，每天只是不定时地过来看一下。

张霞性子特别活跃，每天帮客人包扎需要的花朵时，还会逮着闲工夫跟他们聊天：“送花给女朋友吧，玫瑰花是不错的选择哦，你女朋友可真幸福！”“去医院看朋友呀？咱们店里的百合挺新鲜的，病人闻着肯定特舒服！”……

这样中听又贴心的话，有谁不爱听呢？有时候店长过来看一下，正好碰到客人抱着一大束花出门：“小张不错哦，嘴甜又贴心，店长赶快给她加工资啦！”听到这些话，店长也只是微微一笑，随后便恭敬地送客人出门。

反观赵雯就没那么开朗了，她总是一个人静静地在一旁扎着花，弄好后就立马微笑着递给客人。照理说，店长应该比较喜欢张霞这样嘴甜的店员，可奇怪的是，赵雯却深得店长的心，其实，这个中缘由还得从一年前说起。

一年前，张霞和赵雯同时应聘这家花店的店员，幸运的是，两个人都被店长挑中了，最后一起在花店工作。当时，店长因为老公出轨，于是决定带着腹中的孩子向法院起诉离婚，可由于她不认识什么比较好的律师，所以一直在为这事儿犯愁。

有一次，赵雯无意中撞见了店长在默默地流泪，于是温情地安慰了她几句。没想到，店长竟然像个小孩子一样，伏在赵雯的肩头号啕大哭。

自那个时候起，赵雯终于明白店长为何整日愁眉苦脸，不苟言笑了，她温柔地对店长说："您别伤心，我有一个同学的父亲正好是一名专门处理离婚案件的律师，待会我就跟同学打个电话，让您和她父亲约见一面，好不好？"

店长听了之后，内心的不安和无助一下子减去了七八分，她泪眼婆娑地对赵雯说："阿雯，谢谢你，麻烦你尽快帮我联系一下，我再也不愿意和我老公一起生活下去了！"

赵雯的好心帮忙，犹如雪中送炭，一下子就温暖了店长的心，等她处理好自己的私事后，连忙请赵雯去家里做客。两个人越聊越投机，店长还说，等她的孩子出世后，一定要让赵雯当孩子的干妈，赵雯也笑着答应了。

所以，尽管花店的客人们都比较喜欢嘴甜的张霞，但店长却一直特别照顾不善言辞的赵雯，因为她心里始终惦记着赵雯在她痛苦无助的时候，温暖地拉了她一把。

其实，如果换成是我们，也会对为自己雪中送炭的赵雯心怀感激，毕竟，一家花店的生意并不会因为店员的嘴甜与否而大起大落。张霞再怎么嘴甜，充其量也不过是每天为花店的生意再加上一把热情的火，而曾经处在人生十字路口的店长，当时迫切需要的是一个资深的律师，因此，赵雯的及时帮助，正是温暖她心房的关键炭火。

总而言之，我们每一个人都有自己的需求，而需求也正是推动我们前进的动力。每天一担柴或许比雪天一块炭来得更加大方得体，可是雪天一块炭才能准确无误地填满我们的“需求”之洞，所以，“炭”比“柴”更得人心。换句话说，与人交往的时候，只有懂得别人真正的需求所在，我们才能投其所好。

透支人情无异于“杀鸡取卵”

在家靠父母，出门靠朋友。从一个“靠”字，我们就能看出，一个人在世界上是难以完全独立生存的。在社会这个大江湖中摸爬滚打，我们总会遇到一些大大小小的麻烦事，自己解决不了的，一般会想到找自己的朋友帮忙。

朋友就是广袤无垠的沙漠中的一块绿洲，朋友还是茫茫夜色里的一盏明灯，朋友更是冰天雪地里给我们提供温暖的一堆篝火。但是，“人情存款有上限，刷卡还需谨慎再三”。

王娟是一家医院的妇产科医生，为了让自己的儿子能进本市的一所重点中学念书，她和老公到大商场买了一大堆礼物，准备送给在这所重点中学担任领导的朋友。结果，这位朋友婉拒了她和她老公买的礼品，但仍旧热情地帮她解决了她儿子上学的问题。

为此，王娟非常感激朋友的热心。于是，她和老公经常打电话过去问候这位朋友，有时到了节假日，他俩还会亲自登门拜访。

没过多久，这件事情就发生了戏剧性的变化。在接下来的一年中，王娟的这位朋友便三五不时地来医院找她，每次还都带着自己的亲戚或是朋友。刚开始，王娟还是有求必应，可久而久之，她发现这位朋友找自己帮忙的次数不仅越来越频繁，提的要求更是越来越过分。比如，他要么让王娟帮忙给他亲戚肚子里的婴儿做一个性别鉴定，要么让王娟给他朋友的高价病房算个低价。

这下子，王娟由衷地觉得这个人情债真是一个无底洞，再这样下去，自己未必能负荷得了朋友的“频频讨债”。于是，她和老公商量后，决定想办法疏远这位“食不餍足”的朋友。以后，她能帮的尽力去帮忙，不能帮的也会礼貌诚恳地说出来。最后，这位朋友在王娟那里碰了几次壁后，也就灰溜溜地回去了，两个人的联系最终也变得越来越少。

其实，人情就像储存在银行里的存款，我们存储的越多，时间越长，最后拿到手的利息也会越丰厚。反之，存储的越少，最后可以取出来用的也就越少。王娟这位朋友的做法就是典型的透支人情，他动用人情存款的次数过于频繁，以至于过早地消耗完自己在王娟身上储存的人情存款。人情存款一旦透支，他频繁的求助只会让王娟不胜其烦，无力负荷，甚至日后对他避之唯恐不及。

因此，我们在动用人情时，一定要事先做好估算，让自己心里始终有个数。动用人情的次数一定要控制在最少的范围，千万别以为自己曾经给对方帮了一个大忙，有恩于人，对方就得频繁地帮助我们。倘若我们动辄就以“恩人”自居，失去了分寸，三番五次地找别人帮忙，时间久了，再好的朋友关系也会由浓转淡，再大的人情存款也会因为我们过多的“讨债”行为而透支。

很多人在日常生活中，或许都做到了尽可能少地动用人情，以免透支人情，但还是会出现一些其他的问题。比如，有些人急于在一笔人情账中得到回报，所以就时不时地把自己给予他人的一点小恩小惠挂在嘴边，生怕对方一个不小心给忘记了。这种行为其实非常愚蠢，纵然日后得到了对方的回馈，也不会落得一个“大方”的好名声。有时候，不但没有增加自己人情账户里的存款，甚至还会引起别人的反感。

由此可见，当我们在动用人情存款时，一定要掌握好应有的分寸，合理地使用，保证收支的基本平衡，才不会出现赤字和透支的窘境。

在动用人情存款前，先掂量一下自己和对方的情分。把这些人情存款用在刀刃上，那些自己能解决的小事绝不轻易假手于人。同时，在别人帮了大忙后，不能将其视为理所当然，事后一定要给予对方适度的回馈，及时还掉这个人情。

毕竟，人情确实是用一次少一次。所以，我们最好还是自力更生，少去麻烦别人。即便真到了需要别人伸出援手的份上，也一定要记得把握分寸，万万不可透支人情，要知道，透支人情就好比“杀鸡取卵”，只会害我们沦为朋友眼里最不受欢迎的“讨债鬼”！

给人恩情切莫自居

俗语有云：“滴水之恩，当涌泉相报。”这句话意在告诫受恩者不要忘记恩人给自己的恩惠，一定要加倍报答。其实，此话本身并没有什么错，只是若这句话从施恩者的嘴里说出来，就有点变味了。原本在受恩者心里美好温馨的“滴水之恩”，经由施恩者反复提及，就开始变得面目狰狞起来。这是为什么呢?

我曾经看到过这样一个故事。

小丁送了朋友小徐一条价值过百元的牛仔裤，从此，小丁只要看见小徐穿了这条牛仔裤，就会当着众人面指出来，这条牛仔裤是她送给小徐的。更搞笑的是，当小徐没有穿这条牛仔裤的时候，小丁甚至会故作好奇地问："上次我送给你的那条牛仔裤还好穿不？当时这条牛仔裤可花了我一百多呢，质量应该还不错！"

第一次听见这种话时，小徐还不以为然，可当她反复听见小丁在强调这条牛仔裤是她送的时，心里就有点不舒服了。

有一天，小徐又穿了这条牛仔裤，小丁还拿这个事情当话柄。小徐听后实在是忍无可忍，当着小丁的面就把这条牛仔裤脱了下来，然后把它递给小丁，冷冷地说了一句："宁可出这种丑，也好过为你施舍的'大恩大德'做免费宣传！"

故事中的小丁不过是送了朋友小徐一条牛仔裤，并不是什么特别珍贵的礼物，可她就老爱把这件事挂在嘴边，把它当作谈资，像是自己给小徐施舍了很大的恩惠。而小徐在听到小丁三番五次提及这个事后，会觉得接受小丁所赠的牛仔裤其实是给自己的心理增加无谓的负担。所以，小徐最后才会直接把牛仔裤脱下来还给小丁。

可以预见的是，自这件事后，小丁和小徐的友情肯定会产生裂痕。正是因为小丁的虚荣心，才让她和小徐之间的友情遭遇危机。

其实，朋友间本来就该相互帮忙，给朋友送点东西实在不是什么值得挂齿的事情，而且朋友也不会因为我们不说就把这点恩惠忘记。

可有的人偏偏虚荣心太重，对别人施了点小恩，给了点好处，便天天挂在嘴边，生怕对方忘记。殊不知，越是怕对方忘记，越是挂在嘴边，越让对方感觉欠了你的人情，不但给对方造成了心理压力，而且还可能会让对方日后对你敬而远之。

施恩不是施舍，切莫怀着不可一世的优越感站在受恩者面前，这只会适得其反，费力不讨好，激起受恩者的厌恶之感。

相比起小丁的做法，我个人认为下面这个故事中的主人公显然要智慧多了。

在一个大雪纷飞的夜晚，一个衣衫褴褛的农夫敲开了镇上富人的家门，他想向富人借一笔钱来维持家中的日常开销。富人本来就是一个乐善好施的人，他对农夫充满了同情，于是非常爽快地借给了农夫一笔钱。

农夫小心翼翼地把钱放在贴身的口袋里，真诚而又充满感激地对富人说了一句："谢谢您！"富人笑着说："你尽管拿去用吧，不用还！"

农夫匆匆忙忙往家里跑去，富人对着农夫的背影，又大声地喊了一句："不用还给我！"

第二天一大早，富人打开家门，惊奇地发现自家门前院子里厚厚的积雪被打扫得干干净净。经打听，才知道是昨天夜里冒雪前来借钱的农夫偷偷地干的。富人这才恍然大悟，原来农夫是想借扫雪来“还债”，他昨夜实在是不应该以一种“施舍”的姿态来给农夫那笔钱。

于是，富人立马让农夫写了一张借条。

其实，我们每一个人都有尊严，不愿意受人施舍，更不愿意被人瞧不起。富人正是明白了这一点，最后才让农夫写下借条，决心以“讨债”的方式去成全农夫的自尊心。施舍的姿态会让富人高高在上，而“打借条”的方式却能让富人和农夫的灵魂站在平等的位置，进行平等的对话。

正所谓，“赠人玫瑰，手有余香”。我们一定要记得，给人恩情切莫自居。与人往来的时候，一定要懂得如何去照顾和呵护对方的自尊心，推己及人，千万不能因为自己曾经施予过对方一点小恩惠就妄自尊大，高高在上。否则，对方看见我们充满优越感的嘴脸，必定会心生厌恶之情，从而与我们生疏起来。

“人情”应当悄悄地给

当我还是一名少先队员的时候，老师常常教导我们要助人为乐，做了好事也不要留姓名，所以“我的名字叫红领巾”一时间风靡全国。

那时的我们扶着老奶奶过马路，老奶奶会感激地问：“小朋友，谢谢你，你叫什么名字啊？”我们微微一笑，充满自豪地回答：“我的名字叫红领巾！”像这样的例子不胜枚举。

在那个年代，“红领巾”就是助人为乐者的化身，我们在帮助别人的过程中，收获到无穷的快乐，这种快乐远远胜过其他的报酬。只要对方能轻轻说一声“谢谢”，我们就感到心满意足。

现在，我们已经渐渐地长大了，早就将脖子上的红领巾摘下来了。而一旦步入成年人的世界，对别人伸出援手可能就不是一件完全不求回报的纯粹事了。每一个人的成功都离不开他人的帮助，离不开人脉的积累，需要不断存储人情财富。

说到这，很多人或许会想，储存人情财富有什么难的，平时多帮助别人不就行了！其实，这件事儿并没有我们想象中的那么简单，因为施出去的恩情，未必就能成功兑换成我们人情账户里的财富。要知道，银行是死的，人是活的，生活中，只要我们愿意，银行就会帮我们把多余的钞票存好，可人情却不是那么一回事儿，即便我们帮助了别人，但如果对方心有不爽，那他很有可能会拒绝承认这笔人情账的存在。

又有人会问了，我们明明帮助了别人，对方凭什么拒绝承认呢？难不成是他自己脸皮太厚？不得不说，这种可能性确实存在，但绝对不是最主要的原因。很多时候，问题还是出在施恩者身上，我们总喜欢把帮助别人挂在嘴边，巴不得全世界人都知道，从而使众人对我们投以赞许的眼光，以便满足我们的虚荣心。可这样做的结果，可能是让受恩者感觉尊严尽失，颜面扫地，毕竟谁都不希望自己处于被动、弱势以及被他人同情、怜悯的状态。

相信很多人都曾幻想过自己有一天能腰缠万贯，然后学着古时候的富贵人家，慈悲为怀，救济穷人，放粮施粥。每一个人都想坐在施恩者的位子上，居高临下，享受众人的膜拜，相反很少有人愿意穷困潦倒，衣衫褴褛，过着被人救济的生活，其中蕴含的道理，想必大家都很清楚。

这也就是我们施出去的恩情，最后是否能成功兑换成人情财富的关键所在。

老子曾云：“大方无隅，大器晚成，大音希声，大象无形。”化有意为无意，一切近乎自然不显刻意，才是为人处世的最大精华。由此可见，我们只有悄悄地把人情送出去，不惊动不相干的第三人，对方才会真正悦纳我们的心意，我们的人情账户才能日渐充实。

1979年，特蕾莎修女获得诺贝尔和平奖。当时，她上台去领奖的时候，身上穿着一件只值一美元的印度纱丽，很多人都觉得不可思议，尤其是台下那些珠光宝气、身份显赫的达官贵人。大家使劲地伸长脖子，都想一睹特蕾莎修女的芳容，可展现在他们眼前的却是一张布满皱纹的脸。原来这位伟大的修女，瘦弱苍老得好像一位穷人。

特蕾莎修女沉静地说道："这个荣誉，我个人不配，我是代表世界上所有的穷人、病人和孤独的人来领奖的，因为我相信，你们愿意借着颁奖给我，而承认穷人也有尊严。"

其实，她本来不想来领这个奖，因为她心里始终牢记着耶稣说过的话："当你用右手行善的时候，不要让左手知道右手所做的。"但是她还是去了，为了那些饥寒交迫、流落街头和有伤残疾病的人们，以及那些被忽略而未被关怀的人们。

特蕾莎修女用行动告诉我们，所有的人，包括穷人，都不仅需要活着，还需要爱，更需要尊严。当我们大张旗鼓地行善，或是为自己所做的好事而沾沾自喜、洋洋自得之时，特蕾莎修女不知道已经在暗中帮助过多少人了。相信有朝一日，如果特蕾莎修女不幸陷入了困境，那前来帮助她的人一定很多。不仅如此，很多人在回馈的过程中还会心甘情愿，没有任何被逼"还债"的感觉。

著名导演张艺谋曾说：“做慈善不需要太张扬，什么都公开了说。”归根结底，做慈善其实就是帮助别人，既然是去帮人，悄悄地行善就行了，完全没必要大张旗鼓地告诉全世界，否则最后只会落得个“功利”的坏名声。

总而言之，我们日后和人来往，人情就应当悄悄地给，因为唯有尽力顾全他人的面子和尊严，我们送出去的人情才能兑换成有用的人脉资源。另外，行善太过张扬只会埋没了我们助人为乐的一片真挚心意，导致最后对方非但不领情，反而还在心底里记恨我们。

人情债也有个“讨法”

常言道：“有借有还，再借不难。”自古以来，欠债还钱本就是天经地义之事，如果一个人总是欠钱不还，那他势必会遭到别人的厌恶和反感，下一次他若是再开口向人借钱，哪怕只是一笔很小的数目，那也会吃闭门羹。

对于被借者来说，他们自然希望借钱者能自觉，不需要自己提醒或是催逼就主动把钱还回来。毕竟讨债不是一件好干的活儿，脸皮薄一点的人，有时候连开口向对方提一下都觉得非常不好意思，谁也不希望自己变成一个人见人嫌的讨债鬼！

可事实上，如果我们不适时地旁敲侧击，对方兴许已经把欠我们钱的事儿忘了个精光，那这笔债就永远收不回来了！所以，好的讨债方法莫过于用恰当的语气向欠钱者说上一句："最近手头好紧！再这样下去，我怕是要喝西北风了！"相信但凡有点脑子的人，都能听出这话里头蕴含的意思。如果对方足够知趣，就应该尽快把钱还给我们。

当然，如果对方借钱的日子并不长，那我们万万不可用这种方法去讨债，因为这样做只会让别人觉得我们为人小气，而且还不太信任他们。一旦对方感觉自己的颜面、自尊以及情感受损，很有可能在还钱之后和我们断绝往来，有的甚至还会充耳不闻，故意不还我们钱。

其实，最难讨的债从来都不是金钱。人们总是说人情债难偿，殊不知人情债还特别难讨。为什么这么说呢？首先，人情和金钱不一样，从来只有欠债还钱，可没有欠情还情这一说；其次，人情债也没有具体的数字可供估算；再次，讨要人情债若是太过频繁，一来容易透支人情，二来更会惹人嫌恶；最后，脸皮太薄，讨要人情债实在是难以启齿。

朋友冯术就曾给我讲过一段他讨要人情债的尴尬经历。

在我的朋友圈里，要数朋友冯术的人缘最好，他为人大方随和，不管哪个朋友找他借钱或是帮忙，他总是二话不说，爽快答应。

有一次，一个多年未见的小学同学找上他，对方支支吾吾半天，折腾了好一会，才说出这次登门拜访的真实目的。原来，他这位小学同学有一个儿子，今年刚大学毕业，工作至今还没有着落，他知道冯术认识不少有来头的人，所以想请他帮忙，给他儿子介绍一份工作。

冯术当然乐意帮忙了。第二天，他连忙向身边的朋友四处打听，看谁家的公司缺人。朋友多了果然路要好走些，不到一个礼拜的功夫，冯术就把这件事儿办妥了。

儿子的工作有了着落，同学高兴极了，他感激地对冯术说："老冯啊，我真是太感谢你了，明天晚上我请你吃饭，你看行不？"

冯术刚准备答应，可随后一想，明天晚上自己还有一个重要的饭局，这个人情就先让他欠着吧，反正来日方长，说不定日后自己还有需要对方帮忙的时候呢！

哪知道这一天来得那么早！这件事过去一个礼拜后，冯术就接到老家父亲的电话，说母亲生病住院，自己年纪大了一个人照顾不了，希望冯术能尽早回去一趟。

当时，冯术正在外地出差，一时间抽不开身来，心急如焚的他，突然想到了前不久找他帮忙的小学同学，于是，他飞快地拨通了对方的电话："老同学，上次你不是说要请我吃饭吗？这顿饭不要你请了，麻烦你帮个忙，去医院照顾一下我妈妈行吗？我这几天没时间，等我从外地回来，我会尽快赶过去。”

老同学在电话那头沉默了半天，说：“上次我想请你吃饭，你说没时间，这次你让我去医院照顾你妈，我也没有时间。”老同学的直白让冯术有些傻眼，他心想，这还是一个礼拜前弓着腰请他帮忙的那个人吗？

生气地挂掉电话后，冯术一个人闷坐在沙发上不吭声，同事问他怎么了，他没好气地说道：“还不是因为我那位老同学，我上次帮他儿子介绍工作，他本来就欠我一个人情，这次名义上是请他帮忙，其实不过是让他还人情，他怎么就那么不耐烦呢！”

同事听了，忙安慰他道：“人情债也有个‘讨法’不是？你仔细想想，如果换成是你，你希望曾经帮助过你的人，觉得你欠了他的人情吗？你希望他下一次找你帮忙时，以当日给你的人情高调自居吗？”

冯术猛地一拍脑袋，说：“也对！难怪我那位老同学的口气非常不好，他肯定以为我在向他索要人情债，毕竟那次是我拒绝他请我吃饭的，相当于我不要他的回馈。”

把问题想通了，以后就不会再犯同样的错误，也不会再被同样的事困扰，一想到这儿，冯术就觉得自己相当幸运，和老同学之间的纷争也算不得什么了！

这段尴尬的经历让冯术意识到，即便对方曾欠自己一些人情，自己也不可抱着讨人情债的心态去要求对方帮忙，这样做只会引起对方的不快和反感。尤其是那些凡事喜欢斤斤计较、心思又异常敏感的人，我们讨要人情债的时候一定要格外注意，尽量不要让对方察觉出“讨债”的意味!

除此之外，讨要人情债时，还有以下几点需要留心。

（1）先弄清我们曾给过对方多大的人情，然后掂量一下我们所求之事的分量，如果前者要大于或是等于后者，那我们完全可以找个合适的时机，开口向对方求助；如果前者要小于后者，我们最好还是不要开口，免得让对方误以为我们在占他的便宜。

（2）做好估算，我们给过对方多少次人情，我们就可以向其讨要多少次人情债，但最好还是不要太过频繁，以免透支人情丢失人心。

（3）讨要人情债时，最好化被动为主动，先请对方吃个饭，或是送对方一个小礼物，表达诚意后再找他帮忙，往往会有着事半功倍的效果。

其实，只要“讨法”有讲究，人情债也不是收不回来。如果我们能在讨债时多考虑一下对方的面子和尊严，多顾忌一下人性的禁区，就不会轻易让自己陷入人情的债务纠纷之中。

第六章

“好话”是任何人都不能拒绝的诱惑

我们说话，不光是给别人听，自己也要能听到。一句话能让人欢喜，一句话也能让人心生厌恶。一句好话能使人如沐春风，但说好话也不能没有分寸，虽然人人都爱听好话，但是人各有异，想说出一句合适的好话就要在语言上下点功夫，这就要求我们做到：在把好话说给别人听之前，不妨先在自己的心中过一遍。

遇物加钱，逢人减岁，一语勾人心

在我们的日常生活中，去超市买东西是一件再平常不过的事儿。不管我们去哪里买东西，也不管我们是谁，大伙儿的购物心理从来没有多大的区别，物美又价廉的商品永远最得人心。

当我们看上一样东西时，其实心里已经认定其是自己情之所钟的“物美”之物，唯有价格，还需我们再三斟酌，“越便宜越好”相信是每一个人对待心爱商品的共同心声，总没有人希望自己喜欢的东西“越贵越好”。

生活中，善于购物的人往往有着商人的精明，他们总能够花最少的钱买到最精致的东西，从而最大限度地降低了自己的购物成本。从经济学的角度看，这确实是一个值得让人为之称颂赞美的本领。但话又说回来，这样精明的购物者在当今又有几个呢？和智商分布图一样，精明的购物者和愚蠢的购物者所占的比例永远分居在图标的两端，中间大部分还是平庸的购物者。

然而，尽管大部分人都不善于购物，但每个人还是希望自己的购物能力能够获得身边人的认可。道理很简单，被认可与夸奖大概是所有人都抗拒不了的诱惑。

当我们兴致高昂地买了一件物品后，要是自己花了 100 元，别人却认为只需要 60 元，我们可能会觉得自己吃了一个大亏，一点也不会买东西，产生种极度失落的感觉。相反，当我们花了 60 元买回一样东西后，别人认为需要 100 元，我们十有八九会生出一种莫名的狂喜，一来感觉自己捡着了一个大便宜，足足节省了 40 元；二来觉得自己特别会买东西，特别有本事。

抓住了人们这种普遍的购物心态后，每个人对“遇物加钱”这种事儿会越来越得心应手，操作娴熟。

打个比方，小俐花了200 元买了一件时髦的连衣裙，朋友小澄深谙服装市场的行情，知道只需花一百多块就能买下这件连衣裙。当小俐笑着说起这件连衣裙的价格时，小澄并没有如实地告诉她裙子买贵了，而是故作惊讶地说道：“什么？你只花了200块？可我怎么感觉这件连衣裙至少也得要四五百啊？”

毫无疑问，朋友小澄的这番话会让小俐很高兴。既然连衣裙已经买回来，那事后再去说她买贵了已经没有多大必要了，何不把价格估高一点让对方更快乐一点呢？

当然，在使用“遇物加钱”这个方法的时候，我们自己一定要对商品的物价心里有数，不能把物品的价格估得太高了，以免对方看出我们在说谎而心生不悦。

另外，要想一语勾人心，除了“遇物加钱”这一招，我们还得学会“逢人减岁”。

每逢家里老人过生日的时候，我们都会恭恭敬敬地对他们说上一句祝福话：“祝您福如东海，寿比南山！”老年人常常盼着自己能够活久一点，这其实是对人生有限时光的无比珍视和留恋。而年轻人呢，则希望自己青春永驻，永远童颜不老。

我们要掌握“逢人减岁”的说话技巧，并不是什么难事，只要我们在和别人打交道的时候，把对方的年龄尽量往小处说，让对方感觉自己非常年轻就行了。举个例子，一个四十多岁的阿姨，你说她看上去只有三十多岁，一个六十多岁的老奶奶，你说她看上去只有四五十岁。我们不要认为这是言不由衷地说谎话欺骗对方，因为有时候在年龄这件尴尬的事上说真话反而会伤害对方。要知道，一个人的年龄是永远摆在那儿只增不减的，我们的“逢人减岁”并不会篡改这个既定的事实，既然如此，说几句好听的话让对方乐呵乐呵便无可厚非。

不过，我们需要注意的一点是，面对成年人，尤其是中老年人，我们可以大胆地使用“逢人减岁”这一说话技巧来博得他们的好感，让他们痛快一笑。但如果面对的是小孩子，我们就不能使用这一招了，因为在孩子的心目中，快快长大才是一件幸福的事儿。因此对于孩子，我们最好“逢人添岁”，把对方的年龄尽量往大了说，这才能让他们高兴开怀。

其实归根结底，上文所说的“遇物加钱”和“逢人减岁”，都是为了一语勾人心，让和我们来往的人内心充满快乐和成就感，从而对我们生出好感。虽然这些看起来像是一个谎言，但绝对是一个充满善意的“美丽谎言”，于己、于对方或是于世界，有百利而无一害，因此，大家尽管放心大胆地使用，让交往变得更加美好。

把好话说成“悄悄话”

在《爸爸去哪儿》第一季最后一期中，萌娃们在一家小卖部当起了老板，节目组还特地邀请了吴秀波来充当顾客。吴秀波问道：“你们是来录节目的啊？”小卖部老板天天、石头和Cindy赶紧点头说：“对啊，《爸爸去哪儿》的！”吴秀波立马演技大爆发，表情浮夸地赞叹道：“哇哦，哇哦，我说你们怎么那么眼熟呢，这个是石头……”

当他用手指着 Cindy 田雨橙，假装疑惑地问道“你叫什么”时，旁边的石头和天天忙抢着回答道：“田雨橙，Cindy。”这个时候，只见有着“风一样女子”之称的 Cindy，飞快地扬起下巴，拍着胸脯骄傲地说道：“我爸爸可是奥运冠军！你还不知道啊？”

此话一出，立马惹得在镜头前面观看孩子们表现的爸爸们哈哈大笑，尤其是Cindy 的爸爸田亮，脸上更是堆满羞涩的笑容，他一边笑，一边对周围的爸爸们说：“一点也不低调。”言下之意，似乎在嗔怪女儿太过于张扬和高调，但是谁都清楚，他心里其实还蛮开心的。

正如他后来在镜头前所言：“其实讲那个话，我看到的时候呢，有点不好意思，她从来不在我面前说，爸爸你好厉害什么，所以当时我觉得，就是我不在的时候，我能看到在我女儿心目当中我是什么样子。”其实，哪一个父母不希望自己在儿女的心目中，是一个可以被仰视和崇拜的人呢？ Cindy 当着外人的面，大声地赞扬自己的爸爸。这让田亮直接窥视到自己女儿的内心世界，原来，他一直都是一个让女儿感到自豪的爸爸，这句“悄悄话”真是比任何人当着他的面说他的好话都要好听百倍。

如果Cindy 是当着田亮的面，高声赞美自己的爸爸：“爸爸，你是世界冠军，你好厉害哦！”田亮兴许只是微微一笑，内心感到一丝满足，事后并不会特别往心里去，喜悦也只是那么短暂的一小会。可Cindy 是在田亮背后，当着第三人的面说他的好话，这表明Cindy 的赞美是发自内心、不带任何杂质和目的的，田亮听了之后，当然会感到特别高兴。

众所周知，喜欢听别人说自己的好话是每个人的天性。有时候，即便明白对方所讲的好话只是在拍自己的马屁，我们听了之后也免不了暗爽一番。既然如此，那如果有人在背后说我们的好话，不小心被我们知道了，我们又会作何感想呢？

答案是不言而喻的，田亮的反应说明了一切。亲子间尚且如此，那我们在和家人、朋友、同事甚至是陌生人打交道时，就应该尽量把对他们赞美的好话说成“悄悄话”。要知道，在背后说一个人的好话，可比当着其本人的面说一些恭维好听的话要来得有效果。

而且有时候，我们当面赞美别人，对方还会认为我们是在故意奉承他，讨他的欢心，从而对我们心生鄙视和不屑。长此以往，我们在这段人际关系上倾注的心血，恐怕会功亏一篑，到头来，不仅做了无用功，还适得其反，招来对方对我们的厌恶和不满。因此，如果我们能够坚持在背后说别人的好话，别人一旦对此有所耳闻，一定会认为我们对他的赞美出于真心，这样的夸奖含金量特别高。

然而，在平时的生活中，很多人往往都倾向于“当面说人好话，背后讲人坏话”的做法。因为他们觉得，当面说别人的坏话，很容易会让对方下不来台，彼此的关系有时还会因此产生裂痕，可如若不说，自己又感觉憋得慌，所以只好选择在背后讲闲言碎语。想要奉承别人时，再当着对方的面说些好听的话就行了。

俗话说，“世上没有不透风的墙”，很多时候，不管我们在背后说别人的好话还是坏话，百分之八九十都会通过他人的嘴传到当事人的耳朵里。因此，我们最好还是不要在背后说别人的坏话，如果是好话呢，那就不一样了，多多益善才是。因为在背后说别人好话的益处不胜枚举，其中最重要的莫过于满足了对方的自尊心、增强了对方的自信心以及加深了对方对我们的信任感和亲切感。

总而言之，背后的称赞比当面的赞美，更能俘获他人的心，因为人们一般会觉得背后的评价更能体现一个人内心的真实想法。因此，当我们在背后悄悄说的好话被对方知晓时，那他一定会深受感动，从而对我们心生好感，如此一来，我们还怕得不到对方的喜欢吗？

善意的谎言好过残酷的事实

我曾经在书上读过这么一个故事。

有一天晚上，在美国西部的一个小镇上，狂风呼啸，大雪纷飞，寒冷的冬天就这么不期而至。鲁兹太太开始费力地关店门，自从丈夫去世后，她独自经营这家零售店已经十来年了。

就在这时，有个年轻人急急忙忙地闯了进来，他递给鲁兹太太 50 美元，说想要一份热狗和一杯牛奶。凭着多年的经验，鲁兹太太在接过那张钞票的一瞬间，就断定那是一张假钞，在黑市仅仅花 5 美元就可以搞到。

按捺住内心的不悦，鲁兹太太迅速地瞟了年轻人一眼，只见他低垂着脑袋，衣衫褴褛，神情疲惫，活像街边一个要饭的流浪汉。

“能换一张吗？或是你给我零钱也行。”鲁兹太太不动声色地问道。

出乎她意料的是，年轻人开始紧张慌乱起来，脸上还泛起了羞涩的红晕，他把头垂得很低，好像一个犯了错的小孩，嗫嚅了半天才说：“没有，太太，我只有几美分，我……我很想要一份热狗，我一整天没有吃东西了。”

年轻人窘迫羞涩的模样和话语，让本就善良的鲁兹太太对他生出了几分怜爱之心。她心想，这是一个还没有完全丧失羞耻感的孩子，自己不应该当面训斥他用假钞买食物，或许给予他一份热狗和牛奶，更能温暖他那落魄而又可怜的心灵。

想到这儿，鲁兹太太不再迟疑，她先是给年轻人递去热狗和牛奶，然后再给他找了零钱。就在年轻人即将转身离去的时候，鲁兹太太突然大叫一声，手捂着胸口踉跄了几步。

年轻人吓坏了，他赶紧走上前去扶着鲁兹太太。“快！”鲁兹太太一边说，一边把那 50 美元的假钞硬塞到年轻人手里：“你赶紧到盛大诊所买药，就说鲁兹太太病了。”

年轻人走后，鲁兹太太麻利地抓起电话，打到那个诊所，那是她弟弟开办的。她在电话里说：“如果有个年轻人来给我买药，给他三四十美元的药好了。另外，他手里有一张 50 美元的假钞。”如果他是个善良且富有爱心和责任感的孩子，他就一定会回来，鲁兹太太默默地祷告着，她真的不希望他“走”得太远。

一会儿，诊所的电话打过来了，弟弟告诉鲁兹太太年轻人已经拿着药走了，没有用假钞。

放下电话后，鲁兹太太长吁了一口气，庆幸自己没有看走眼，这个孩子总算没有辜负她的期望和苦心。就这样，在那个下着大雪的夜晚，年轻人始终不离左右地陪伴着“病中”的鲁兹太太。天亮以后，鲁兹太太为了感谢年轻人“救”了自己，竭力挽留要离开的他，恳求他帮自己照看几天零售店。

几天过去了，几年也过去了，那个小零售店变成了小超市，小超市又有了分店，而年轻人一直陪伴着鲁兹太太走完了她生命的最后一程。随着小超市星罗棋布地发展，那个年轻人的名字也渐渐地被人熟知，他就是在美国靠零售业发家的怀特先生。

鲁兹太太临终时说：“善良让我们彼此都找到了心灵的归宿，互惠共生。”可怀特心里很清楚，如果不是鲁兹太太那充满善意的谎言，他日后的人生必将残酷如那晚寒冷的冰雪。

有一位哲人曾经说过："当你独处时，你微笑了，那才是真的微笑。"在有两个人以上的地方，处处可能都存在谎言，哪怕只是一丝微笑，也有可能是强颜欢笑。其实，谎言已经成为每个人生命中不可分割的一部分，没有谁能保证自己一辈子都不会说谎，也没有谁敢说自己从来没有说过谎。

在这个世界上，有两种谎言，一种是恶意的谎言，另一种是善意的谎言。尽管没有人会喜欢谎言，可如果我们的谎言是善意的，相信大部分人还是会带着温暖的视角去看待它，怀特先生绝对就是这其中的一个。

如果当年鲁兹太太在接到假钞后，声色俱厉地臭骂怀特一顿，怀特很有可能会破罐破摔，将人性丑陋的一面彻底地表现出来，那世上就缺少了一个充满感恩之心的零售大王。

米·露西·桑娜曾说："有时候，谎言很美丽，她的名字叫'善意的谎言'。"善意的谎言总是美丽的，它没有任何恶意，相反，很多时候它完全是出自良好的动机，是在维护他人的利益，顾全他人的面子，温暖他人的心灵。生活中，之所以会存在善意的谎言，可能是因为特定的情境促使善心之人不得不撒谎，他们撒谎不是为了自己，而是为了避免伤害某人。

有人说，谎言就是谎言，一个撒谎的人，骨子里总是镌刻着不诚信。可是事实并非如此，有时候，合理、适当地编织一些善意的谎言，可以最大程度地点燃一个人的希望之火，让他的内心充满正能量，从而重拾对生活以及未来前途的信心。

心理学上著名的“罗森塔尔效应”，讲述的不也是一个关于善意谎言的故事吗？

1960年，哈佛大学的罗森塔尔博士曾在加州一所学校做过一个著名的实验。

新学期，校长对两位教师说：“根据过去三四年来的教学表现，你们是本校最好的教师。为了奖励你们，今年学校特地挑选了一些最聪明的学生给你们教。记住，这些学生的智商比同龄的孩子都要高。”说完后，校长还再三叮咛，“你们要像平常一样教他们，不要让孩子或家长知道他们是被特意挑选出来的。”

这两位教师听了之后非常高兴，从此更加认真努力地教学。一年之后，这两个班级学生的成绩是全校中最优秀的，甚至比其他班学生的分数值高出好几倍。事后，校长不好意思地告诉这两位教师真相：他们所教的这些学生智商并不比别的学生高；他们两个也不是本校最好的教师，而是在教师中随机抽出来的。

这个实验表明：每一个人都有可能成功，但是成功的可能性，与周围的人能不能像对待成功人士那样爱他、期望他、教育他有关。这其实也就是所谓的“期望效应”。在这个实验里，也充满谎言，可这种谎言终归是美丽的，因为它的出发点充满了善意，它激励老师和学生不断上进，最终有所作为。

美国作家欧·亨利的短篇小说《最后一片叶子》中，女孩琼珊不幸得了严重的肺病，生命垂危。她躺在病床上，绝望地看着窗外对面墙上的常春藤叶子不断被风吹落，心想："等最后一片叶子掉落，我的生命也就结束了。"

于是，她终日望着那片叶子，等待它掉落，也悄然地等待自己生命的终结。

但窗外那最后一片叶子竟然一直没有掉落，直到琼珊的身体完全康复。琼珊以为最后那片叶子是自然存留的，其实，那是贝尔曼——一个伟大的画家，在听完朋友苏艾讲述室友琼珊的故事后，夜里冒着暴风雨，用画笔画出的一片逼真的"永不凋落"的常春藤叶。也正是因为这最后一片树叶，琼珊才重新有了生存的意志。

人生本就充满艰辛，既然残酷的事实于他人身心没有一点好处，我们又何苦撕开遮掩的面纱，让对方悲不自胜呢？

安慰人也得有点口才

台湾作家简媜曾在《那人走时，只有星光送他》一文中这样写道："月光，我不禁祈求月光，更柔和地怀抱他们。不祈求无风无灾，但愿多大的灾厄来袭，便有多大的气力撑过来。”当一个人终日行走在无边无际的路上，一旦遇到风雨的摧残，若是没有亲朋好友乃至陌生人的温言安慰，最能抚慰其心灵的莫过于那柔和的月光了。

可在现实生活中，这种漂泊的旅人其实并不常见，天上的月光再怎么柔和，也很难抚慰处在痛苦中的平凡人。俗话说，“人生不如意之事十之八九”，每一个人都有走下坡路的时候，因此，当身边的人遭遇不幸，情绪陷入低谷时，我们有必要安慰对方。

相信对很多人而言，眼睁睁地看着别人被伤痛折磨，是一件非常痛苦的事。我们并不是当事人，无法替他们分担内心的忧愁，可我们又不能对此袖手旁观，总得说些什么或是做些什么，即便不能为对方解决他们的烦心事，但好歹也让他们的心情变得稍微轻松愉快一些，起码不再像之前那样愁云惨淡、萧瑟落寞。

至于怎么去安慰别人，大部分人都会倾向于说一些安慰的话，比如“别哭了，你一定要坚强一点，事情总会过去的，想开点就没事了。”“以后不要再这样做了，吃一堑长一智，下次注意点就行了。”有的人甚至还会恨铁不成钢地批评对方：“我早就跟你说过不要这样，你别伤心了，想办法把问题解决才是正事！”

而事实上，这些安慰的话往往会收到相反的效果，我们非但没有让别人的心情由坏变好，有时甚至还会加重对方的负面情绪，让其内心的痛苦“更上一层楼”。

要知道，安慰别人并不像翻日历那样，把这一页翻过去就能迎来崭新的一天，很多时候，我们根本无法在短时间内消除对方内心的痛苦。我们能做的，只有尽力说一些可以缓解对方内心的痛苦，或是让对方欣然一笑的话，而余下的伤痕，不妨留给时间去慢慢抚平。

要想把安慰话说得直抵人心，我们还得在口才上下点狠功夫，不要只会说些不痛不痒没用的话。打个比方，朋友生病了，我们去医院探望他。等我们走近他的病床时，冷不丁地冒出一句：“你好好地休养一段时间吧，相信不用多久，你就会康复的！”这种安慰话有着十足的官方味，中规中矩，乏味单调，虽然说不上难听，可也称不上好听。另外，如果这句话不是出自医生之口，那病人是无法从中得到些许安慰的。

因此，我们去医院探病时，最好尽量避免这类安慰的语言，说话一定要切合实际且不失乐观，例如“你觉得怎么样了？”和“有什么是我可以帮忙的吗？”当我们体贴和温柔地对病人说出这些话时，对方通常都会感受到我们对他的关心和呵护，心里会产生一种温暖而又踏实的感觉。如果我们能边安慰，边拍拍他的手，或是搂他一下，对方一定会感到欣慰，从而和我们变得更加亲近。

众所周知，一个处在哀痛中的人，所有的注意力一般都集中在自己悲伤的情绪上，因此对于生活或是工作上的琐事往往力不从心，不胜负荷。我们若是能够自告奋勇，为对方解决一些迫在眉睫的事情，那一定能让其放松下来。“你不用担心，家里这边我替你照料着！”或是“好好休息一会吧，工作上的事情我来帮你处理！”相信对方听到这些话后，紧绷的神经很快就会松弛下来，同时内心也会倍感安慰。

当然，安慰话不止局限在这小小的范围之内，倘若病人非常厌倦枯燥无味的病榻生活，同时又有着不错的谈话精力和兴致，那我们不妨跟他说一说最近外头发生的有趣的事，让对方好好地乐一乐。布雷顿曾说：“在这个世界上，没有比快乐更能使人美丽的化妆品。”如果新鲜有趣的见闻能让对方哈哈大笑，那不是对其最好的安慰吗？

记得刚开始参加工作的时候，身边的朋友和同学，都喜欢打探或是询问我在做什么工作，每个月拿多少薪水，一个月放几天假等问题。起初，我还耐着性子好好跟他们解释一番，可时间一长，向我打听这些事情的人越来越多，我实在是烦不胜烦，最后索性充耳不闻，直接转移话题。而对于卧病之人，他们最厌烦的也应该是别人询问自己详细的病症和有关调养方法吧，因为他们很有可能已经对来访之人说过很多遍了。因此，我们若是想要安慰他们，最好还是不要踩进这个语言雷区，以免对方心生厌恶和反感。

除此之外，我们在安慰一个人的时候，不要表现出一副非常怜悯他的样子。毕竟每个人都有自尊心，我们越是怜悯他，越是会让他觉得自己陷入困境是一件特别丢脸的事儿。为了避免这种情况发生，有时候我们不妨反其道而行，让对方觉得自己的一时不顺也有值得庆幸的地方。举个例子，同事打印完做好的报表后，突然发现里面有一些错误的数据，心情一下子降到了谷底。这时，我们不妨笑着对他说："幸好你及时发现了，要是换成是我，老早就交上去了，肯定会被老板骂！"对方一听，确实如此，自己还是比较走运的，虽说要重新修改报表，可这比起挨骂甚至丢掉工作，实在算不了什么。

总而言之，安慰话人人都会说，可不一定人人都能把它说好，如果我们面对他人的忧愁和悲伤只能说上一句："人要懂得往前看，既然牛奶已经被打翻了，你又何必为此苦恼呢？"那还是三缄其口吧，因为这些无关痛痒的话可能毫无安慰的作用，只会雪上加霜，加深对方内心的痛苦。毕竟安慰的基础是同理心，我们只有明白、理解以及接纳对方的痛苦，继而才能对其说出一些真正具有安慰效果的话语，最后帮助对方走过人生的坎坷之路。

赞美犹如煲汤，火候才是关键

煲过汤的人都知道，煲汤时火势过大，容易把汤汁熬干；火势太小，又熬不出食材的味道；唯有文火慢炖，才能熬出鲜美可口的汤汁。因此，唯有选择合适的火候，才能煲出美味的汤。

其实赞美别人，亦是如此。俄国作家列夫·托尔斯泰曾说：“甚至在最好的、最友爱的、最单纯的关系中，阿谀或称赞也是不可少的，正如同要使车轮子转得滑溜，膏油是不可少的。”每个人都渴望被人赞美，赞美能让人心情愉悦，如沐春风。比如家人之间的赞美，能让亲情更加牢固；情人之间的赞美，能让爱情更加甜蜜；朋友之间的赞美，能让友情更加深厚……赞美就好比润滑油，它能让人与人之间的关系变得更加和睦和亲近。

但赞美不是越多越好，也不是越夸张越好，它跟煲汤一样，必须适度地掌握好火候。真正的赞美大师，绝对不是一个把赞美别人的动听话藏在肚子里的沉默者，同时也不是一个张嘴就是阿谀奉承的浮夸之人。当他赞美一个人时，必定能恰如其分，恰到好处，让对方打心眼里感到愉快和舒畅。

一些人认为夸奖恭维别人是一件轻而易举的小事，因此，他们在赞美别人之前，很少把自己即将要说出的话过一下脑子，总是一逮着机会就使劲地赞美对方，殊不知高帽子虽好，其尺寸也须因人而异。一旦给别人戴的高帽过重或是过大，对方就会感到自己受到了嘲讽和愚弄，一怒之下，十有八九会撕破脸皮，从此与溜须拍马者割席断交。

打个比方，我们和一位满脸雀斑的女孩初次见面，为了博得对方的好感，拉近彼此之间的距离，立马赞美她道："你好，没想到你是一位大美女啊，皮肤那么白皙无瑕。"人家姑娘脸上明明有斑，我们却夸她皮肤白皙无瑕，这不是明摆着讽刺人家吗？对方听了，不仅感觉不到快乐，反倒增添了不少的烦恼。

由此可见，虚妄、粗浅、夸张以及无根无据的溢美之词，并不能促进彼此之间的感情，只会让对方误以为我们是虚情假意的阿谀奉承之辈，进而对我们生出戒备和警惕之心。"赞美，像黄金钻石，只因稀少而有价值。"我们赞美一个人时，只有夸到点子上，才能达到预期的目的。

有一个年轻小伙子，为了给爱情保鲜，便时常变着法儿赞美自己的女友。他不像其他的男孩子那样，只会对女友说些"有你真好！""今天你好漂亮哦！""你真贴心"等笼统抽象的好听话。几乎每一次，他都能找准赞美的点，然后说些恰当、动听的话让女友心花怒放。

有一天，女友为他炖了一锅鸡汤，很是鲜美，只是味道稍微淡了一点。"好不好喝？因为家里的盐不够了，楼下的超市又关了门，所以鸡汤的味道可能有点淡。”女友看着他，仔细留心他的表情，生怕他皱眉头说不好喝。

年轻人不动声色地放下手里的碗，右手紧紧地揽住女友的肩膀，悄悄地在她的耳边说：“你肯定是故意的！”女友这下急了，她张嘴就想解释，可还没等她开口，年轻人又继续说道：“故意给我熬一锅‘平平淡淡才是真’的幸福鸡汤，对不对？”

女友愣了一下，紧接着“扑哧”一笑，攥紧拳头轻轻地捶了一下年轻人的胸膛，娇嗔着说：“就知道逗我寻开心，到底好不好喝吗？”

年轻人哈哈大笑，随后用头顶着女友的头，面对面深情地说道：“味道特别鲜美，有一种平淡却深邃的甘甜，宝贝，谢谢你为我煲这锅‘平平淡淡才是真’的美味鸡汤，相信我，从现在开始，我一定许给你一个细水长流、白头偕老的美好未来！”

等他说完，怀里的女友早已感动得泣不成声，她用手紧紧地环住年轻人的腰身，哽咽着重复道：“我相信你，我相信你……”

这大概是我这辈子听到过的最动听的情话，故事中的年轻人是一个擅长赞美的聪明人，女友熬的鸡汤明明味道淡了一点，他却不在上面大做文章，肆意批评一番，而是专注于女友为他熬汤的心意。若是换成别的男孩，很有可能在喝完鸡汤后，对女友说上一句：“要是再多放点盐就好了。”可年轻人并没有这么做，他反倒是在少盐清淡的鸡汤中，喝出了“平平淡淡才是真”的滋味。同时还顺水推舟，将这一切归功于女友的用心，给对方戴上了一顶漂亮且舒适的高帽子。相信不管是谁，都会被年轻人所说的话打动吧！

其实，在人际交往中，大多向别人谄媚讨好的人，总是抱着一定的投机心理，他们无法凭借自己的能力和才华来博得对方的赏识和认可，因此只好采取一种廉价的方式——恭维别人，让对方对其另眼相看。但赞美就跟煲汤一样，火候才是关键，我们只有掌握以下两点，才能将赞美的话说得更加好听，让别人欣然接受，无排斥和反感之意。

1. 心意真挚，态度端正。

人们常说，相由心生，其实说话何尝不是如此呢？通常一个人说话的态度，可以直接反映出他的心理。因此，当我们赞美别人时，务必要保持心意的真挚以及态度的端正，万万不可油腔滑调、轻率无礼、虚情假意，否则会很容易被对方识破，从而引起不必要的纷争。

2. 夸奖踩“点”，有理有据。

虽说人人都喜欢听赞美的话，但赞美的话若是没有基于事实，踩不到正确的“点”上，相信所有人都无法开开心心地去享用它。所以，赞美别人一定要做到有理有据，努力去挖掘他人的闪光点，再对其大加赞赏，只有这样，我们的赞美才能起到“一语勾心”的效果。反之，牛头不对马嘴的赞美，只会让对方觉得莫名其妙，以为我们是虚伪诡诈、浮夸轻率之人，从此对我们敬而远之。

称赞他人需要掌握好火候，太小则无济于事，太大则适得其反，唯有不大不小，不轻不重，我们才能成功打开对方的心门，共同煲一锅味鲜色美的情谊之汤。

高帽子别总一个人戴

清朝末年的著名学者俞樾在他的《一笑》中，讲过这样一个故事：有一个在朝廷做官的人，要出京城到外地去做官。在赴任之前，他特地去跟恩师辞别。

恩师对他说：“外地不比京城，在那儿做官很不容易，你应该谨慎行事。”

官吏就说：“恩师不必担心学生，现在的人都喜欢听好话，我呀，准备了一百顶高帽子，逢人就送他一顶，大概这样就不会遇到什么麻烦吧！”

恩师听了这话后很不高兴，他以教训的口吻说道：“我反复告诉过你，做人要正派公道，对人也该如此，你何必要来这一套呢？”

官吏连忙说道：“恩师息怒，学生也是迫于无奈啊，要知道，天底下像您这样不喜欢戴高帽的，又有几位呢？”

官吏的话音刚落，恩师就得意地点了点头说：“你说的这话也不是没有道理啊！”

从恩师的家中出来，官吏便对随从说：“我准备的一百顶高帽，现在只剩下九十九顶了！”

生活中，我们时常可以看见喜欢给自己戴高帽的人，这种人一般都非常自恋，在他们的眼里，只有自己才是最接近完美的人。为了打造一段和谐的人际关系，博得他人的好感，我们只能“退一步海阔天空”，将头顶上的高帽子让出来，主动给别人戴上去。

开篇所说的故事就是一个很好的例子。

为了让恩师放下对自己的不满，官吏巧妙地给他戴上一顶“不喜欢戴高帽”的高帽，从而让恩师心生得意，理解自己的无奈之举。在对方不知不觉的情况下，给他戴上一顶高帽子，这大概就是给人戴高帽子的最高境界吧！

俗话说：“如果给猪戴高帽子，猪也会爬树。”这话虽然听起来挺糙的，其中蕴含的道理可一点也不糙。当一个人得到他人的赞扬或是鼓舞时，往往就会被激发出一种巨大的潜能，有很大可能实现他人对自己的期许，从而使自己真真正正配得上头顶的高帽。

日本著名的女作家佐藤爱子正是这顶“高帽子”的受益人。

当她还是一个风华正茂的年轻姑娘时，她几乎不曾读过一本小说，可就在她年满 27 岁与丈夫劳燕分飞之后的一天，她那位当作家的父亲在读到她写给自己的信时，曾欣慰地说道：“这个孩子可以写书了。”

佐藤爱子听到这句话后，终于勇敢地走出了婚姻破裂的人生困境，开始一步一步地迈向文坛。她每天废寝忘食，埋首在写作中，最后皇天不负苦心人，终于获得了“直木奖”。

人们或许会认为，在这个故事中，是佐藤爱子的父亲给她戴上了一顶“可以写书”的高帽，而到最后，在写作上有所成就的佐藤爱子，其实还是把这顶高帽还给了她的父亲。

为什么这么说呢？日后当她讲述起自己涉入文坛，并最终拿到大奖的缘由时，她的父亲毫无疑问会成为她“有所作为”的最大功臣，一旦人们知晓了这一点，怎么会不对她的父亲心生敬意？如此一来，对佐藤爱子的父亲而言，这又何尝不是一顶漂亮的高帽？

所以，不要吝啬于给别人戴高帽，如果他人因为我们赠送的高帽而心生喜悦，这种喜悦之情最终还是会回馈到我们自己的身上。要知道，在一段人际关系中，互利互惠才是关键，至于以德报怨，那往往是圣人才愿意去做的高尚事，而大部分人一般都只懂得以德报德，以乐还乐。

有这样一个故事，爱丽丝夫人雇了一位女佣后，连忙给女佣的前任雇主打电话，向其询问了一些有关女佣工作能力的情况，没想到得到的评语却是“打扫卫生过于粗糙，一不整洁，二不干净”。

于是，当女佣第一天来上工的时候，爱丽丝夫人就亲切地对她说：“前几天，我打电话给你以前的雇主，她说你为人诚实可靠，厨艺了得，唯一让她不太满意的是，你打扫屋子总是不够干净整洁。不过我觉得她应该在说谎，因为明眼人都看得出，你穿得那么干净整洁，收拾屋子也绝对不会差到哪里去，我俩一定可以和睦相处，对不对？”

女佣听了这话后，使劲地点了点头，心里感到非常高兴，既然爱丽丝太太那么赏识她，那她一定不会辜负她的期望。果然如爱丽丝太太所料，女佣每次都把屋子收拾得干干净净，整整齐齐，就连厕所的马桶都擦得光洁发亮。

就这样，女佣越是勤快地工作，爱丽丝太太越是对她赞赏有加，而戴上“高帽子”的女佣，在爱丽丝太太的不断赞美之下，也更加愿意花时间在打扫卫生上，两个人相处得非常愉悦。

这就是给别人“戴高帽”的神奇力量，与其直言批评女佣不会搞卫生，还不如预先给她冠上一顶爱整洁爱干净的高帽。这个故事告诉我们一个道理，当我们希望一个人变成什么样子时，就可以通过给对方戴高帽，为其设定一个理想中的模样，然后再督促其不断朝着这个目标而努力奋斗。

其实说白了，给别人戴高帽的人，往往是希望通过这顶高帽为自己赢得某些好处或是利益。既然如此，我们又何必拿腔作势，不愿意对他人倾尽内心的赞美之词呢?

美国耶鲁大学已故的英文教授费尔普曾说：“有一个很热的夏天，我到火车上拥挤的餐车中去吃饭。当侍者把菜单递给我的时候，我对他说：‘在厨房中的那些伙计们，今天一定很受罪了！’那个侍者很惊异地望着我说：‘人们到这来，几乎都埋怨服侍不周到，饭菜做得不好，或抱怨天气太热。在近 20 年中，你是第一位对厨房中的厨师表示同情和赞美的人！’”

其实，侍者的这番话，何尝不是对费尔普的赞美呢?只要是人，不论身份贵贱，都非常渴望他人的赞美和认可。如果我们能少往自己的脸上贴点金，多站在别人的立场上为对方考虑一下，尽量放大、突出其优点，忽略其不足之处，那我们热情大方送出去的高帽子，迟早有一天会回到自己的头上。

把“批评箭”化作“鼓励丹”

前一阵，女儿放学归来，兴致勃勃地跟我讲了一件她在公交车上遇到的趣事。

从学校出来后，女儿费了好大劲儿才挤进一辆公交车。这时，前门刚好上来一位抱着小女孩的老妇人。于是，公交车司机回头对后面坐着的乘客大声喊道："哪位好心的乘客给这位抱小孩的老人家让个座？"可连喊了好几次，车上的乘客都充耳不闻，没办法，司机只好起身，扫了几眼占用"老弱病残孕"专用座的几位年轻乘客，拔高嗓门道："老人家，您往里面走，靠窗口坐的几位年轻人都眼巴巴地看着您，等着给您让座呢！"

老人家听了，连忙乐呵呵地往车厢里头走，只见靠窗的几位年轻人都跟约好了似的，纷纷站起来给她让座。老人家匆忙坐下之后，忘记给让座的小姑娘道谢，害得人家姑娘在一旁直翻白眼。司机眼瞧着不对劲，赶紧对老人带着的小女孩说："小朋友，姐姐给你让了座，你怎么不向她说声谢谢呢？"这话一语惊醒了那位老人家，她连忙拍了拍小女孩的小手，说："对对对，快谢谢这位漂亮的姐姐！"

让座的小姑娘听到小孩的道谢后，脸色顿时好看了起来，连声说道："不用谢，不用谢！"

女儿给我讲完这件趣事后，笑嘻嘻地对我说："这位司机叔叔可真有本事，三言两语竟然让靠窗的年轻人给老人家让了个座，当时那几个年轻人'唰唰唰'地一起站起来，可把车上的人给乐坏了。后来，老人家忘记道谢，也得亏司机叔叔的善意提醒，不然，那让座的小姑娘心里得多气呀！"

看着女儿眉飞色舞的模样，我不禁想起平时她和她弟弟因为臭袜子的事儿吵吵闹闹的场面，心想，何不借着这个机会，给她好好地上一堂课呢！

于是，我连忙装出一副纳闷的样子，问她道：“我就不明白了，司机叔叔第一次叫车上的乘客让座，落得个无人回应，为什么他没有批评这些不肯让座的乘客呢？”

女儿不假思索道：“批评人的话谁爱听啊？司机叔叔很聪明，他知道批评的方法不好，所以故意采用委婉的方式，鼓励和赞美靠窗口坐的年轻人，促使他们不得不起身给抱着小女孩的老人家让座。”女儿果然掉入了我设置的圈套，我心里不禁有些得意。

“你的意思是，如果想要一个人改正错误，或是做我们想要他做的事情，就得把‘批评箭’化作‘鼓励丹’是吗？”终于来到这堂课的核心内容了，看来这回她不认错都不行了！

“对啊！”女儿的回答铿锵有力，没有丝毫迟疑。

得到心中想要的答案后，我不急不缓地再次问道：“那弟弟把臭袜子丢在你床上的时候，你是怎么让他改正错误的呢？”

女儿顿时陷入沉默，过了个几秒钟，她才恍然大悟，紧接着立马跳入我的怀里，撒娇着说：“我错啦！我不该对弟弟发脾气，难怪他总也不愿意把袜子丢到洗衣处，下次我一定会好好跟他说，鼓励他改掉这个坏毛病！”

听到女儿的回答，我心里突然涌起了一股热流，响鼓无须重锤，幸好女儿还算聪慧。

常言道，“人非圣贤，孰能无过”。每个人都有犯错的时候，如果想要对方改正错误，批评未必是最好的方法，因为这样做往往会挫伤对方的自尊心。女儿口中称赞的司机确实深谙人性。如果司机在请人让座的时候，吼着嗓子对靠窗的年轻人说：“请你自觉点好吗？没看见这上面写着‘老弱病残孕专座’吗？”结果会如何呢？只怕那些年轻人也会赌气不让座，脾气暴躁的甚至还会和司机干上一架！

从这件事中，我们可以看到，在和别人打交道的时候，若想对方走在我们设想的道路上，万万不可把批评的话说得太严厉，柔中带刚的鼓励赞美之语，更能激励对方积极做出调整，努力上进，最后变成我们心心念念期许的那个模样。

很多时候，批评给人的感觉，就好比在“挑刺”，我们又不是十全十美，别人自然无法信服我们对他们提出的批评。既然如此，我们也就不要说三道四了，哪怕我们站在有理的一方，也不可毫无顾忌地批评别人。

其实，批评的目的旨在打动对方，使得对方能认识到自己的错误，回到正确的轨道上。而很多人在批评他人的时候，往往会偏离了劝诫的方向，从一开始指出别人的错误，到最后发展成贬低对方的人格或是践踏他人的尊严。试问，这样的批评又怎会让他人心悦诚服呢？

18 世纪英国著名的评论家约瑟·亚迪森曾说：“真正懂得批

评的人看重的是‘正’，而不是‘误’。”没有人喜欢被人批评，可这并不意味着人与人之间的沟通无法进行。只要我们善于从正面进行鼓励和赞美，就能督促对方改正毛病，朝好的方向发展。

其实，仔细想一想，这种鼓励和赞美，未尝不是一种批评。只不过比起赤裸裸的责怪之词，它听起来更为含蓄，更为委婉动听，更容易被对方接受罢了。

鼓励、赞美的话，人人心向往之；批评、责怪的话，个个唯恐避之不及。搞清楚这一点后，我们才不会动不动就对别人指手画脚。既然批评之箭过于锋利，伤人又伤己；鼓励之丹，何其可口，悦人又悦己，我们为何不化利箭为良丹，把批评指责的话包装一下，变成友善和悦的建议，给大家一个皆大欢喜的结局呢？

第七章

想要别人靠近，自己得先靠谱

人好不招厌，这世上的好人很多。假如我们想在人群中脱颖而出，那就别只把脚步停留在“好”上面，往前走一步，让自己变得更好、更靠谱。虽然我们不能让每个人都喜欢自己，但是能够用最好的姿态来对待所有人。只有让自己变得更加靠谱，才能让更多的人相信我们，我们才能抓住更多人的心。

往刚直里加点“软和剂”

从电影《东京物语》开始，我渐渐地迷上了日本已故导演小津安二郎。因为《东京物语》，我第一次体会到何为真正的温柔。

《东京物语》讲述了一对日本老年夫妇去东京探望子女，最后却因子女工作繁忙，他们没有得到很好的招待和照顾的故事。

这对老年夫妇一共孕育了三男两女，大儿子在东京一家社区当医生，二女儿在东京的家里开美容院，三儿子死在战场上，守寡的三媳妇也在东京工作，四儿子在大阪工作，尚未出嫁的小女儿在家乡当小学老师。

在准备这对老年夫妇到达东京第一天的晚饭时，大儿媳提议在肉菜的基础上，再做一些生鱼片，大儿子却回答说只做肉菜即可。

后来，大儿子原本计划周末带着父母去逛逛东京，可没想到等二老准备好后，他又被叫去给人看病。在轻描淡写地向父母道个歉后，他就急匆匆地出门了。

之后，二女婿曾问过自己的老婆，要不要去大舅子家中拜访一下岳父岳母，二女儿却说不用去，过几天父母自会过来。当二女婿再次问道要不要带二老出去玩一下时，二女儿又说这事儿用不着他操心，大哥自会处理。

当二老来到二女儿的家中时，二女婿给他们买了名贵糕点，却被二女儿数落："好吃是好吃，就是太贵了，给他们买煎饼就行了，反正他们爱吃。"由于女儿女婿忙于工作，这对老年夫妇便在二女儿家中的小阁楼中枯坐了好几天。

最后，反倒是守寡的三媳妇，特地向老板请了一天假，带两位寂寞的老人家好好地逛了一圈东京。

此处，为了摆脱年迈的父母，二女儿向大儿子提议，每人出3000块，送父母去热海廉价的旅馆度假泡温泉，大儿子听了之后欣然应允。

以上都是子女们没有热情、亲切、妥善招待和照顾两位老人的事例，其实在这部影片中，诸如此类的不周到之处比比皆是。

然而，尽管子女们的态度过于冷漠，这对老年夫妇却没有在口头上表示过任何的不满，他们说出来的话永远是那么谦和有礼，他们的脸上也总是洋溢着温和的微笑，内心似乎没有任何的不愉悦。

“给你们添麻烦了！”“辛苦你们了！”“让你们破费了！”……两位老人始终将这些话挂在嘴边。当夜晚热海旅馆的喧闹吵得他俩睡不着觉时，他们的言语和表情依旧那么温柔。

“东京也玩了，热海也看了，我们回家吧。”当这句话不急不缓地从老人的嘴里飘出来时，我的眼泪终于敌不过这种包容的温柔，潸然而下。

作家金庸曾在《书剑恩仇录》里写过这么一句话：“慧极必伤，情深不寿，强极则辱，谦谦君子，温润如玉。”可以毫不夸张地说，影片里的两位老人就是名副其实的“谦谦君子”，面对子女们的寡情冷血，他们心里不是没有委屈和不满，正因为慈爱和温柔，正因为知足和示弱，他们才心甘情愿地自己默默消化掉这些不为人知的苦涩和落寞。

如果两位老人生性刚直不屈，定然不会独自承受子女对他们的招待不周，说不定他们会怒目相向，对着势利冷漠的子女破口大骂：“你们这群自私自利的白眼狼，我怎么会生出你们这么不孝的儿女呢！”

尽管两位老人有资格对他们口出恶言，但这种以硬碰硬的做法，无非就是以卵击石，事后必然会招致子女的反感。当然，两位老人也确实没有这么去做，他们从始至终都在用自己的温柔来应对子女的敷衍、不满和抱怨。

正是因为二老的明事理、解人意，子女才没有彻底撕破脸皮，虽谈不上恪守人伦，极尽孝道，倒也做足了场面功夫，维持了表面上的和谐。

生命就像一条奔腾向前的大河，不可能永远直线行走，弯弯曲曲才是它的真实面貌。做人亦是如此，懂得示弱，收敛锋芒，能屈能伸，弹性处事才是王道。为人处世要是过于死板、倔强和刚强，不仅容易得罪别人，而且更会伤害自己。

要知道，示弱并不是懦弱无能的表现，恰恰相反，它是一种豁达、圆融和弹性的智慧象征。在人际往来中，一个懂得适时示弱的人，必定能包容不同人的不同的思想观念，不会轻易与人有言语以及肢体上的冲突和碰撞，从而化敌为友，收获良好的人际关系。

就像影片中的两位老人一样，当他们像弹簧一样收缩自己时，其实是在以一种圆融柔软的姿态来保全自己，保全自己在儿女心目中的美好印象，好让彼此的血脉之情绵延不息。

为人处世固然要保留一定的刚直和骨气，可随着年纪渐长，我们开始学着理解和容忍他人时，内心的是非标准也就不只是黑白分明了。在这个过程中，我们就好比一只吃进了沙子的蚌壳，尽管如鲠在喉，却还是得坚持不懈地用分泌物来消化它，包容它。如果足够幸运的话，我们或许会因此而收获一颗璀璨夺目的美丽珍珠。

富兰克林年轻时曾拜访过一位睿智豁达的老前辈。那个时候，他年轻气盛，目空一切，走路总是抬头挺胸，大步向前。

一进老前辈家的门，他的头就在门框上被狠狠地撞了一下，富兰克林这才意识到，这个门框要比自己矮上一大截。

当他用手轻揉自己受伤的脑门时，出门迎接他的老前辈见状大笑起来："怎么样，很疼吧！不过，我相信这将是你今天拜访我的最大收获！"

富兰克林听了这话有些不解，老前辈语重心长地解释道："一个人若想平安无事地活在这个世界上，必须时刻谨记：该低头时就低头。这就是我想要教给你的事情。"

老前辈的话让富兰克林备受启发。从此，在人际交往中，他始终践行这一准则，并从中受益良多。

常言道，"人生不如意之事，十之八九"，倘若我们不懂得示弱、退让、容忍和妥协，那我们只能像刀剑一般，虽然锋利尖锐，却终究是太容易被折断。因此，做人最理想的状态是在刚直里加点"软和剂"，柔竹能敌强风。

成熟并不代表每天要板着一张脸

在电视相亲节目《非诚勿扰》中，许多女嘉宾都曾把“成熟”列为自己的择偶标准之一，因此，如果上台的男嘉宾言行举止流于幼稚肤浅，又或是过于嬉闹活泼，她们往往会毫不留情地熄灭自己的好感之灯。

为此，原嘉宾主持乐嘉老师曾劝诫过所有的男嘉宾，当着众位女嘉宾的面，肢体动作不要太过浮夸，言语措辞须得尽量谨慎。尤其是那些一上台就急于施展自己才艺的男嘉宾，十有八九会被在场的女嘉宾灭灯。原因很简单，少有人会喜欢上一个看起来很不成熟的男人。

女人是渴望安全感的动物，许多人之所以三十好几还待字闺中，被生活硬生生逼成了一个“女汉子”，往往是因为身边的男人都不太靠谱，不成熟。

在《时有女子》一书中，有这么一句话：“我一生渴望被人收藏好，妥善安放，细心保存。免我惊，免我苦，免我四下流离，免我无枝可依。但那人，我知，我一直知，他永不会来。”这大概就是所有女人的真实心声吧，明明知道那个护自己周全的成熟男人永不会来，却还是心心念念地渴求和追寻着。

无奈的是，世界上的男人终究是平庸愚钝者居多，他们自以为女人钟爱成熟、稳重和靠谱的男士，于是就想方设法地把自己包裹在一张不苟言笑的严肃面具下，成天板着一张毫无表情的扑克脸。本以为这样做能赢得女人们的芳心，没想到却弄巧成拙，被挑剔的女人们“灭了灯”。他们不禁仰天长叹，这也不行，那也不成，到底要怎么做才能让女人们心生好感?

其实，一个人的风骨和成熟度是靠岁月、阅历和心态积累起来的。每天板着一张脸和人打交道，那不叫成熟，那叫假装成熟。正所谓，“男人不坏，女人不爱”，从某种角度而言，成熟中带点调皮劲的男人，最受女人的喜爱，因为这样的男人不仅靠谱，而且还非常有情趣。

看过金庸的小说《射雕英雄传》的朋友们都知道，貌美如花的瑛姑爱的不是身居高位、严肃正经的段王爷，而是调皮可爱、武功高强的老顽童周伯通。即便缺少责任感的老顽童在朋友义气和她之间选择了前者，最后绝情地离她而去，她依旧对老顽童一往情深。这不是没有理由可循的，我想很多人还是会对老顽童这个角色情有独钟。

如果我们为人处世总是习惯于伪装，把自己内心真实的喜怒哀乐全部藏在一张冷冰冰的面罩之下，除了让人望而生畏，绝对得不到任何有关“成熟”的好评，反倒是喜形于色更让人觉得真实和亲切。所以，我们若想日臻完善成为一个成熟之人，首先不妨放弃自己的扑克脸，多一点生动的面部表情，让他人感觉到我们的真实和真诚，微笑也好，伤心也罢。

我的老公是一个充满情趣的男子，刚开始和他谈恋爱那会，我一时间还放不下自己的矜持，在他面前，总是正襟危坐，笑不露齿。和他聊天的时候，我的话题永远跳脱不出人生、哲学、理想等抽象无趣的范围和框架。

久而久之，他渐渐地感觉有些疲累，“为什么你总是板着一张脸？为什么我们之间的交往还是一种朋友的感觉？为什么我们不聊一些生活化一点的话题？”

他的连续发问，让迟钝大条的我顿觉心惊肉跳，“我……我以为你喜欢成熟和知性一点的女孩子，我不想在你面前表现得太过幼稚。”说完，我委屈地低下头，手足无措地等待他的指责和批评。

我的坦诚让他微微一愣，沉默了大概十几秒钟，他随即温柔地拥我入怀，宠溺地嗔怪道：“傻丫头，你的知性和成熟我早已烂熟于心，可是两个人的相处仅仅有这些是不够的，很多时候，我更希望看到一个小鸟依人、调皮可爱的你。”

我呆呆地看着他，晶莹的泪珠在眼眶里打转，“那你还生气吗？我不是故意对你板着一张脸的，是我自己太放不开了，误以为一本正经才是成熟之人的本色。”

他摇了摇头，冲我一笑，温柔地说道：“我不生气，你会这么做，也是因为太在乎我了，我高兴都来不及，怎么会冲你发火呢？这原本就是我的错，我早该跟你说清楚，对不起。”

其实，那时的我未必就不是一个成熟之人，只是我错误地认为，板着一张脸也可以称为成熟。在老公的眼里，成熟归成熟，与人相处最好还是多一点表情、温度和情趣，太过严肃只会让人感觉冷心冷肺，难以亲近。打个比方，许多男人在选择伴侣时，一般都倾向于选择邻家小妹式样的稚嫩女孩，而非神色淡漠，只可远观的成熟女神。

有人说：“不管是在什么场合，如果他可以在你面前毫无顾忌地流泪，说明他可以在你面前脆弱，可以在你面前真实地表现自我而不用隐藏哭泣的窘态，同样，也意味着他已经把你当成了愿意陪他一起经历风雨的那个人。”再成熟的人，也有自己的喜怒哀乐和七情六欲，每天板着一张脸，并不意味着我们就能和这些世俗的感情划清界限。既然如此，我们又何苦再逼迫自己或是他人戴上一副不食人间烟火的虚假面具呢？

若想在他人面前展现出成熟的姿态，除了不断增强自己的阅历和学识，我们还得努力提高自己的个人素养，为人处世尽量和善、真诚、亲切、大方、随和、豁达、幽默和包容。长此以往，还怕他人不竖起大拇指，称赞我们为人成熟靠谱吗？除此之外，说不定对方还会加上一句：“你这人真不错，成熟靠谱不说，骨子里还有一股诙谐幽默的劲儿。”

不管我们想要在人际交往中达到何种目的，切勿把板着一张脸作为成熟的标志，它只会起到相反的作用，让人感觉既枯燥又无趣，唯有适当地在自己的面部表情和言行举止中加一点“佐料”，哪怕是多一点微笑、眼神专注地看着对方，又或是把背挺直一些，我们才能展示出内心深处的成熟和稳重。

再聪明也要适当“笨”一下

古时候两军交战，在双方打得难解难分的时候，聪明的一方往往会卖个破绽，引诱对方上钩，最后靠这个破绽绝地反击，击溃敌人。这种策略在古代战争当中层出不穷，所以战法上有一招叫作“以退为进”，说的就是利用卖破绽打击敌人。

所谓的卖破绽，无非就是让自己在对方面前呈现出一个失误，好让对方以为自己是一枚有细缝可钻的鸡蛋。退是一种表面现象，由于在形式上采取了退让，使对方能从己方的退让中得到心理满足，不仅思想上会放松戒备，而且作为回报，对方也会满足己方的某些要求，而这些要求正是己方的真实目的。在商务谈判中的以退为进策略表现为先让一步，顺从对方，然后争取主动、反守为攻。

其实，在现实生活中也是如此，懂得在他人面前露出破绽的人，才是深谙人性的聪明人。

为什么这么说呢？在这个世界上，人与人之间总是存在着如影随形的攀比，少有人会发自真心地去喜爱一个聪明绝顶、完美无瑕之人，因此，即便我们再聪明，也要适当地“笨”一下，只有这样，我们才能顺利地俘获人心，赢得别人的好感。

来看看我们身边那些人缘很好的朋友，他们在众人面前呈现出来的，一定不是特别的完美。我身边就有这样一个男性朋友，他每次说话都会故意自嘲，有时甚至还会故意将一些常识说错，然后在别人指正他的时候又乐呵呵地接受。虽然他有着很强的工作能力，但是他每次完成任务的时候总会犯下一些小错误。可是令人奇怪的是，他的老板却并没有因为他的这些小错误而批评他，反而是不厌其烦地纠正。而他跟老板的关系也是如兄弟般，感情好的令人羡慕。

刚开始，我并不明白他这种“装笨卖傻”的做法，有一次闲聊，我好奇地问道：“所有人都绞尽脑汁想让自己变得聪明点，办事也总是追求完美，你为啥偏偏要反其道而行呢？难道你就不怕你老板嫌你太笨，把你给开除了？”

闻言，朋友哈哈大笑，“要是换成是你，你会嫌弃喜欢你、崇拜你、尊重你的‘信徒’吗？”

听了他的话，我微微一怔，好半天才反应过来，原来他不是不想追求聪明和完美，而是他知道，完美的东西一定是最没有包容性的。就像是一块玉，如果太过无瑕，假使有一天这块美玉上面不小心沾了一点点淤泥，别人也会因此而厌恶它，弃之如敝屣。

反之，如果他顶着聪明的脑袋，适当地在同事和老板面前卖个“笨”，没有把工作处理得太过滴水不漏，同事和老板就可以瞬间化身成站在讲台上的权威老师，耐心且细致地指点他的工作，如此一来，彼此的关系不是容易更上一层楼吗?

要知道，几乎所有人都有好为人师、喜欢指导、教育他人以及表现自己的虚荣心理，如果我们能主动放低自己的姿态，故意露出自己的缺点和短处，谦恭有礼地向他人请教，那对方一定会对我们心生喜爱，我们自然就能在最短的时间内拉近彼此的距离。

照这样看，我这位男性朋友确实是“扮猪吃老虎”的个中翘楚，他深谙自贬之术，巧妙地用自己的“愚笨”和不完美来成全他人内心渴求的完美。也正是因为如此，他才会成为社交场上的红人，不仅同事个个都视他为贴心的好友，就连公司老板也待他如亲兄弟。

当然，我们在这里说“再聪明也要适当地笨一下”，并不是劝大家在人际交往中装疯卖傻，而是想让大家明白，很多时候，不完美才是真的完美，不聪明才是真的聪明，如果我们想要兼顾到他人的喜恶、情绪和利益，那我们不妨大胆地展露出一些无伤大雅的缺点和破绽，好让别人多一个喜欢我们的理由。

《红楼梦》里有句话："机关算尽太聪明，反误了卿卿性命。"人生原本就是一趟充满艰辛困苦的旅程，我们实在没有必要把自己修炼成一个太过精明能干的王熙凤，为人处世糊涂一点，笨一点，傻一点，才不会轻易被世俗的烦恼困扰，才不会被繁杂的人事拖累，才不会像三国时代的杨修那样，"聪明反被聪明误"，惨遭曹操的杀害。

另外，当我们遇到一时半会难以解决的难题时，也可以借助"故意的愚笨"，有意识地去拖延时间，缓和彼此的矛盾，最后顺利地化解冲突。

其实，做人就应该像猫头鹰一样，凡事睁一只眼睛，闭一只眼睛，就算别人都说我们糊涂愚笨，只要我们知道自己并不是傻瓜就行了。太过聪明的人，就好比丛林中长得格外标致的大树，终究难逃被人砍伐的悲惨命运，而懂得适时装傻卖笨的人，则能博得众人怜爱，平平安安地过一辈子。

品位高尚也可听听“下里巴人”

从表面上看，阳春白雪和下里巴人貌似是对立的，可但凡有点生活智慧的人都知道，两者绝对不是不能和谐共存的。每个人的天性里都驻扎着“下里巴人”，在这样一个略带俗气或者说是生活化的基础上，我们凭借自己的聪明才智，最终又创造了高深莫测的“阳春白雪”。所以，换一个角度看，“阳春白雪”和“下里巴人”非但没有互相排斥和对立，反而休戚与共，紧密相关。

曾获诺贝尔文学奖的著名作家莫言，大概就是这么一个喜欢听“下里巴人”的品位高尚之人。如果不是因为品位高尚，学识渊博，满腹才华，他根本写不出《红高粱》等脍炙人口的伟大作品，自然也拿不到诺贝尔文学奖。

尽管莫言在文学领域取得了卓越的成就，但他却并没有因此跳出“下里巴人”的圈子，自视“阳春白雪”而享受众人的顶礼膜拜。在人们的眼里，莫言依旧是一个和自己别无二致，也曾为几口吃食而饱受苦楚的寻常百姓。

犹记得莫言曾在散文《吃事三篇》中写道：“所谓的自尊、面子，都是吃饱了之后的事情，对于一个饿得将死的人来说，一碗麻风病人吃剩的面条，是世间最宝贵的东西。当然也有宁愿饿死也不吃美国救济粮的朱自清先生，但人家是伟人，如我这种猪狗一样的东西，是万万不可用自尊、名誉这些狗屁玩意儿来为难自己。”这是多么惨痛心酸的领悟啊！

或许在许多人看来，会写文章的人一般都活在“阳春白雪”的美好世界里，似乎永远都不用为一口吃食而愁眉苦脸和疲于奔命，又或是从来不会和世俗的饮水食蔬生活搭上边。可莫言的生活经历却告诉他们错得有多么离谱，会写文章是一回事儿，填饱肚子又是一回事儿，品位再怎么高尚的人，也得先把自己的肚子伺候好。换言之，听不惯“下里巴人”的人，也别想谱出典雅高尚的“阳春白雪”。

另外，一个终日活在精神世界的人，其所思所想必然都是一些虚无缥缈的幻想和空想，他们在和别人打交道的时候，总是感觉自己不被对方理解，颇有“世人皆醉，唯我独醒”的孤傲感和疏离感。然而事实果真是如此吗？我看未必。众所周知，与人来往，讲究的是互相尊重、理解和包容，一个自诩“品位高尚”，不愿意放下身段，认真倾听他人故事的人，说白了就是一个自以为是的自大狂。这种人一般都非常自恋，他们总以为在这个世界上，除了自己，别人都是一无是处的庸俗之人。

如果他们能够像韩寒那样，既能“阳春白雪”的与他人谈古论今，又能“下里巴人”的为家人做饭煲汤，那他们或许会深刻地理解何为“雅俗共赏”，并因此博得身边人的喜爱和好感。其实，为人处世只要奉行一个中庸之道，一不猥琐窝囊，二不尖锐刻薄，那凡事就没有过不去的坎儿，更没有结交不了的人。

总之，与其做一个人人嫌弃的“品位高尚”之人，还不如让自己更加生活化一点，时不时听一听“下里巴人”。比如多关注生活里的柴米油盐，多听听身边普通人的家短里长，只有这样做，我们才能让自己变得更加平易近人，就像一颗在溪水中沉浸多年的鹅卵石，与人碰撞既不会轻易地把人刺伤，又有清脆动人的声响。

做一个幽默的“正经人”

第二次世界大战前期，罗斯福任美国的海军部长时，曾打算在太平洋某岛修建一所秘密的海军基地。老朋友马克·吐温听说了这件事，跑来问他：“你打算在哪修这个基地，能告诉我吗？”

罗斯福看了看他，故意低声问道：“你能保密吗？”

马克·吐温信誓旦旦地说道：“能。”

罗斯福立刻笑了笑，说：“那么，我也能。”

在还未读这个故事之前，我还是一个为人处世总是一本正经的年轻人，总以为生活需要严肃对待，容不得任何玩笑存在。

可当我读了这个故事后，却忍不住为罗斯福的幽默机智拍案叫绝，原来，与人打交道还可以如此妙趣横生，那过去的我不是白活了吗？

若是换成以前的我，肯定会非常直接地回绝马克·吐温的请求，军事秘密怎么能随便泄露给别人呢？在有关国防安全的问题上，即便对方是我多年的好友，他也无法享有特权。

不过可以肯定的是，这种回答一定会让对方感到很不舒服，毕竟没有谁喜欢被直截了当地拒绝，尤其拒绝自己的人还是至交好友，更让人颇感郁闷了。罗斯福显然对此了若指掌，他不直接回答马克·吐温的提问，却先问了对方一个问题，如此封堵式的答非所问，的确妙极。

一位哲人曾说："幽默是藏身于笑话之后的严肃。"罗斯福的回答应该是诠释这句话的最佳范例，既然不能板着面孔回绝自己的挚友，那只好借助幽默表明自己严肃的态度了。如此一来，既不会伤害老友的颜面，同时又恪尽职守，没有泄露重要的军事秘密，真可谓一箭双雕。

生活中，能像罗斯福那样将幽默运用到人际交往中的人其实不少，但也有人自恃品格高人一等，在与人打交道时常常神情严肃、不苟言笑，有的甚至还装腔作势，恨不得往自己脸上多贴几层金子，好让众人都知道自己有多么高雅不俗。

在这种人的眼里，幽默往往等于搞笑和哗众取宠，自诩不凡的他们怎么可能会说一些逗趣好玩的话，只为博他人哈哈一笑呢？那明明就是小丑才会干的事情啊！

这是多么偏激的想法啊！要知道，在这个世界上，骨子里正经，但是嘴巴上幽默的人从来都是社交场的大红人。他们深知幽默不仅可以淡化一个人的消极情绪，给对方带去笑声和欢乐，还能缓和人与人之间的冲突和矛盾，拉近人与人之间的距离。

可以说，幽默是单调乏味生活的调味品，是人际关系的润滑剂，而具有幽默感的人，更容易得到他人的喜爱、支持和帮助。除此之外，面对十有八九的人生不如意之事，善用幽默的人也总是比寻常人应付得更加轻松自如。

一位作家写道："幽默是一种动人的智慧，是一种穿透力，一两句话就把那畸形的、讳莫如深的东西端出来。它包含着无可奈何，更包含着健康的希冀。"一个不懂幽默的人，必定缺乏包容心和生活情趣，其骨子里的正经如果不借助幽默直接释放出来，那必定是伤人的利箭，既刺伤他人，又把自己拖入了无边无际的苦海。

如果罗斯福的例子还不能让一本正经的人们回心转意，那不妨静下心来，好好看一看萧伯纳在面对冲突时是如何处理的吧。

有一次，萧伯纳不幸在伦敦街头被一个骑自行车的年轻人撞倒，虽然没有受伤，但也让他摔了一个四脚朝天。骑自行车的年轻人连忙下车，将萧伯纳从地上扶了起来，嘴里还不停地向他道歉："对不起啊，是我太不小心了，您没有伤着吧？真是太对不起您了！"

没想到，萧伯纳却出人意料地打断了他，乐呵呵地对他说道："先生，您比我更不幸！要是您再撞得重一点，就可以作为撞死萧伯纳的好汉名垂史册啦！"正因为幽默，萧伯纳才有了如此惊人的情绪自控力和与人为善的包容心，从而使彼此摆脱了撞人和被撞的尴尬。

就这样，骑自行车的年轻人免于一场责罚，而萧伯纳也因此收获了一份好感。试问，如果被车撞的萧伯纳板着一张脸，严肃地批评那个骑自行车的年轻人，这充满温情的一幕还会发生吗？

其实，与人来往，冲突和矛盾总是不可避免的，如果我们老是一本正经地去看待这些分歧，听不得半点逆耳之言，又或是容不得他人冒犯我们一分半厘，那即便我们大发雷霆和极力辩解，最后也不会赢得对方的尊重和认可。相反，别人还会认为我们是一个小肚鸡肠、不易相处的乖戾之人，轻则怀恨在心，重则打击报复。

正所谓，伸手不打笑脸人，幽默感就是人际交往中的一张通行证，它能让我们在交流中闲适自在，轻松舒服。有人说，幽默感是天生的，自己从一出生就没有幽默感。但是，事实上，幽默感是可以培养的，以下就是获得幽默感的三个妙招。

（1）广泛的阅读。

一个有幽默感的人，其文学素养往往比常人高出一筹。唯有博览群书，我们才能不断提高自己的文化底蕴，才能在关键时刻引经据典来营造幽默的氛围，同时又不至于让自己的幽默流于肤浅和庸俗，最后遭人嫌恶。

（2）出众的语言表达能力。

良好的语言表达能力就好比一个盛着美味佳肴的碟子。如果碟子破破烂烂不堪入目，纵然我们拥有满腹才华和惊世幽默也是枉然。因此，闲暇时分，我们一定要多多锻炼自己的语言表达能力，让说出嘴的每一句话都清晰而有趣。

（3）乐观积极的态度。

林语堂说过："智慧的价值，就是教人笑自己。"在现实生活中，拿自己的错误开开玩笑，使人开怀大笑，可能有助于我们铺下友谊之路。真正的幽默家喜欢拿自己开涮，他们不像自负之人过于注重个人的脸面和形象，为了能够取悦对方，许多自嘲的话他们都说得出来。如果没有一颗乐观积极的心，相信他们也只能活在矜持、正经的牢笼里，不能自由快乐地在广袤的人际天空中展翅高飞。

如果说人际交往的过程好比是在冰川雪地里行走，那幽默则是融化寒冷冰雪的冬日暖阳，它能让人与人之间的不和谐、不舒适、不自在以及不痛快烟消云散。正如作家帕金森·鲁斯特莫吉所说："你不能老是板着面孔与人相处。幽默感是最重要的，它会使你的工作变得更为容易，同时也会给你的生活带来深受欢迎的阳光。"让我们努力做一个幽默的"正经人"吧，在送给他人欢笑的同时，自己也收获一份份的好人缘。

"忠心"的人也该有自己的主心骨

许多小朋友对美丽可爱的美羊羊情有独钟，还有的小朋友特别喜欢懒散爱吃的懒羊羊，可这部国产动画片的名字是"喜羊羊与灰太狼"，所以这就注定了聪明勇敢的喜羊羊才是其中最重要的角色。说起喜羊羊，相信大部分人都会觉得他既对伙伴忠诚，同时又富有主见，每次大伙儿遇到困难的时候，他总能在第一时间站出来，找到最好的解决办法。

其实，要论忠心，其他的小羊或许都不逊色于喜羊羊，但忠心并不是一颗万能丹，它无法帮助小羊们一次次顺利地逃离灰太狼的魔掌。此时，忠诚、独立、自信且拥有自己的主心骨的喜羊羊，才能从同伴中脱颖而出，带领大家冲出困境，化险为夷。

在平时的工作或是生活中，我们每一个人都应该多向喜羊羊学习。对人忠心固然是一件好事，可愚忠带来的盲从，其危害也实在不可小觑。

曾在书上看过这么一个故事。

从前，有一家牧户建了一个专门杀羊的屠宰场，可每次杀羊的时候，他们都感到非常郁闷，其实杀羊并不是一件难事，难就难在用什么办法把羊群赶进充满血腥味的屠宰场内。

正当他们苦恼之际，村里的一个老人家意味深长地说道："每一个羊群里，都有一只头羊，只要你们让头羊先走进去，所有的羊都会乖乖地跟在后面。"

于是，牧户在屠宰场的另外一边开了一个小门，并训练了一只头羊，每次这只头羊带领着新的一群羊走进屠宰场之后，它便从另外一个小门里走出去，而被关进屠宰场的羊群面临的将是死亡。

就这样，悲剧一次又一次地重演，愚忠和盲从的羊群们直到屠刀落下来的那一刻，才知道自己全心信赖和追随的领袖头羊原来也是刽子手之一。

道格尔休斯上校曾经在一次远征的动员大会上说过："忠诚不是愚忠，服从不是盲从，假如你的长官错了，你还盲目地忠诚于他，你就是愚昧的人，这样的人没有资格进入海军陆战队。"不管我们效忠的对象是谁，长官也好，老板也罢，即便是相交多年的挚友，我们也不能丢掉自己的主心骨，因为只有保有主见的人，才不会受传统思维和习惯的束缚，才能按照自己的真实想法去为人处世，最后走出一条属于自己的辉煌之路。

美国洛杉矶加州大学经济学家伊渥·韦奇曾说：“即使你已经有了主见，认为自己的想法和做法是完全正确的，但如果身边有十个朋友的看法和你相反，你就很难不动摇、继续坚持自己的意见。”这就是所谓的“韦奇定律”，有时候，尽管听取他人的建议能帮助我们解决许多麻烦事，可“韦奇定律”的消极作用也能让我们陷入盲从的窘境。

因此，若想拥有幸福美好的生活，我们就要像喜羊羊一样，做一个有自己的主心骨的人，勇敢地去面对他人的质疑、非议和批评。

当然，或许有人会以经验老到的过来人身份对我们说教：“不听老人言，吃亏在眼前。”但是，每一个人必须明白的一点就是，即便是听取和采纳别人的意见，我们也要先对这些意见进行基本的梳理和思考，去其糟粕，取其精华，万万不可生搬硬套，成为任何教条主义下的牺牲者，糊里糊涂地当了一个倒霉蛋。

为什么这么说呢？俗话说得好，“鞋子合适不合适，只有脚知道”。这句话言简意赅，很多事情只有当我们亲自去尝试了，才知道这样做究竟适不适合自己。毕竟，世界上的人有千万种，大家都有着自己与众不同的个性、需求、兴趣爱好以及评判标准等，别人说过的话和走过的路或许只是适合他自己，却未必是一剂包治百病的良方，能让我们的人生无病又无痛。

第八章

即使不招待见，也别让人讨厌

军事上有禁区，人心中同样也有禁区。误闯人心的禁区后果很严重，别把所有人都当“好好先生”，再好的人也有忌讳的事。在交际场，读懂别人喜好之后别急着出手，了解人心禁区也很重要。

失意人面前莫谈得意事

生活中，有些人总是喜欢在别人面前炫耀自己的成功，完全不顾及他人的感受。要知道处于失意当中的人，他们心情糟糕透顶，根本没心思听那些夸夸其谈。夸耀自己的人无非是想得到他人的认可和欣赏，但是在失意人的面前结果却恰恰相反。他们会很反感，甚至心生怨恨，他们可能会想：你这是在嘲讽我吗？

相信很多人都有过这样的经历，在我们处于低谷的时候，有的人却在那儿夸耀自己最近如何运气好，与此同时还不忙调侃我们几句："哎哟，朋友，你这是怎么了，这不是你的风格啊。"试问这样我们能感到舒服吗？

人生得意须尽欢，得意时让我们闭口不谈确实挺难的，在意气风发的时候谁会忍得住？但是我们也还是得注意一下对象和场合。如果我们面对的是一个正在经受巨大痛苦的人，在此时大谈得意之事，势必引来他人的厌恶，久而久之，被我们伤害过的朋友将会离我们而去，那个时候即使我们再怎么得意，别人也不会给我们好脸色看，以后也难保我们失意时别人不会这么对我们，那个时候后悔已经来不及了。

有一次，小宋请几个同事一起聚餐，想一起热闹热闹，放松一下。而小文最近喜事不断，几杯酒下肚，就忍不住大侃起来。前不久，他的儿子高考成绩出乎意料的高，与此同时，自己也被领导提拔为人事部主任，事业迎来了高峰期，可谓是双喜临门，其得意之情溢于言表。

然而，因工作失职被贬的李主任却低头不语，脸色非常难看，最近他可谓倒霉透顶，不但工作不顺利，老婆也跟他闹僵了，吵着要跟他离婚，可谓是内忧外患啊。在小文的高调下，他一会儿接电话，一会儿去洗手间，后来找了个借口离开了。

他跟送他走的小宋说："小文那家伙是什么意思啊，他明知道我现在不得意还在那显摆，这不是诚心气我吗？瞧他那嘚瑟样儿，有什么了不起的？"

很显然，小文这样做是得不到别人的称赞的，甚至会激起别人的厌恶。当一个人处于低谷时，他会比平常敏感，我们的一言一行、一举一动都可能让他产生想法，即使我们不是故意刺激他，他也会情不自禁地联系到自己。所以，在高谈阔论的时候应该注意一下身边的人，他们最近的状态怎么样，如果畅谈自己的喜事时是不是会让有的人不舒服。

当我们春风得意之时，许多和我们关系很铁的朋友，或许会发自真心祝贺我们，和我们一起高兴。可对于那些泛泛之交，我们说话最好还是谨慎点，切记不要过分炫耀和张扬，因为这只会让我们失去更多的朋友。

其实，如果我们能适时地给予失意之人一些关心，那很有可能因此而赢得别人的感激，甚至是收获一次改变命运的机遇！

记得我读大学时，班上有位同学名叫殷齐，他对专业课并不感兴趣，一天到晚忙着自己的“事业”，平时大家都戏称他为“殷总”。身边的同学很不理解，学习是学生的天职，把精力放到其他方面那不是本末倒置吗？可以想象，每次考试他都是垫底，而每年的奖学金更是与他无缘。还有一位名叫张旭的同学，他学习刻苦，是名副其实的“学霸”，每次考试都是名列前茅，各类奖学金拿到手软，可以说在大学中是最得意的那类人。然而，秉性和观念差距如此巨大的两种人，在平时的生活中却相处得非常融洽，这让我们周围的人很是不解。

上次的同学聚会，十多年不见，大家都有了翻天覆地的变化。后来跟殷齐和张旭聊天的时候我才得知，殷齐已经成了大老板，拥有了自己的公司，摇身一变成了真正的“殷总”。更想不到的是，张旭是他们公司的合伙人兼大堂经理。

当我问起那时在学校他们为何能和谐相处，后来又怎么能一起合作创业时，他们的一句话道破了迷津：“失意人前，莫谈得意事；得意人前，勿谈失意事。”

殷齐感触颇深地说：“当年，在我失落迷茫的时候，张旭并没有炫耀自己‘成功’的学习成绩，而是不停地鼓励、支持着我坚持自己的信念，这让我很感动。从那时起，我心里就想着有朝一日自己若有出息了，一定忘不了这个朋友。”

“其实当时也没想那么远，就只是觉得那时如果经常在他面前提起自己的成绩，会不会让殷齐不舒服，这样做既不明智也不厚道。”面对殷齐的感激，张旭显然有些不好意思。

以前，在翻看台湾作家刘墉的作品时，无意中看到了这两句富有哲理的话：“失意人前，勿谈得意事。”——因为那只可能加重对方的落寞感，所以即使万事顺心，也要故意说些辛苦处给朋友听。“得意人前，勿谈失意事。”——因为得意人常不能体谅失意者的痛苦，所以即使有许多不如意，也要振作起精神。失意时交的朋友，得意时常会失去。因为他觉得你高升了，不再是与他一伙，他不愿意高攀，也高攀不上，你无心的一言一行，都可能引起他的自卑。得意时开罪的朋友，失意时也难以挽回。因为他觉得你昔日气焰的消失，不是因为你变得谦和，而是因为走投无路。

失意人前莫谈得意事，这看似简单的道理却总是被人忽略，成为阻碍成功的绊脚石，我们不得不引以为戒。

我拿你当知己，你拿我当路人

“千金易得，知己难求”，很多人都会有这样的感慨。有时候你觉得跟某个人聊得来，把自己的心事都跟他倾诉，把心窝子都掏给他了，可是有一天你发现他并没有你想的那么在乎你，这时候失落和难过的感觉就会油然而生，甚至有点愤怒，觉得好像被欺骗了似的。

以前我问一位朋友：“你觉得交朋友的底线是什么？”她深思了许久后认真地对我说：“我可以忍耐她对我发脾气，因为我拿她当朋友；她可以喜欢占我小便宜，我吃点亏也没关系。但是我不能容忍的是我拿她当知己，她却把我当路人！”

的确，这一点很难让人接受。当你真心真意地付出时，换来的却是一张冷漠随意的容颜。除了失落和愤怒，你有没有想过为什么会这样？其中是不是有什么误会？还是真的是你的一厢情愿？

比如，你的好朋友结婚了，婚礼当天宾朋满座，热闹非凡，你被安排在普通朋友那桌。

穿着美丽的婚纱、洋溢着幸福的笑容的她和新郎在依次跟亲朋敬酒，忙得不可开交。看到此情此景，你作为要好的朋友心里也在替她高兴。当他们来到了你座位旁边，你笑容可掬地端着酒杯正准备开口时，却被大家的寒暄和祝福掩盖了，而你的知己此时却对你只有一个眼神的交流，你可能会感觉被冷落了。

但是我宁愿相信她不是故意的，也许是被繁琐的婚礼弄得晕头转向，也许是被幸福的感觉冲昏了头脑。总之，她一般不是有意把你晾在一边的。或许，她觉得一个眼神的交流胜过万千俗套的寒暄，她觉得真正的朋友没必要那么矫情。

有时候，可能是我们想太多了，把自己的一厢情愿强加给对方，希望对方按照自己期望的那样去做，殊不知她不是你肚子里的蛔虫，不可能满足你对她的所有要求。如果你非要斤斤计较，那就是自讨没趣了。但假如真像你想的那样，你总是热脸贴冷屁股，那你该自我反思了，面对这种不对等的感情，摆正位置很重要。也许你们之间并不合适做知己。

有些人只能做你的泛泛之交。要明白，真心换来的不一定是诚意，是否为知己，时间会告诉我们，只要你用心去体会、去感受。日久见人心，合得来的就在一起，合不来的也没关系。

人生百年而已，能牵手的时候请别只是肩并肩；能拥抱的时候请别只是手牵手；能在一起的时候请别轻易分离。珍惜彼此之间的友谊，多些谅解和关心，这样才能成为亲密无间的知己，而拥有这样的知己也是所有人的梦想！

家是人心中的一块圣地

家丑不可外扬。明智的人不会也不愿到处讲述自己的家事，而对于一个聪明人来说，最好也不要过多干涉别人的家事。要知道，家家都有一本难念的经，家既是我们温暖的避风港，有时候也会是痛苦的来源。

可以说，家是每个人心中的圣地，容不得他人踏足。

正所谓，“清官难断家务事”。人们在评论别人的家事时，一般只能看到表象，可在“家事”这个问题上，“表象”与“真相”之间往往有着很大的差距。

俗话说得好，“解铃还须系铃人”，别人的家事我们最好不要说三道四，用心倾听就够了，最多也只能为他们提供一点安慰和建议，其他的还是少插手为妙。

我本人就曾因为一时的疏忽大意，差点毁了自己和朋友杨秀儿之间的一段友情。

杨秀儿是我的高中好友，当年她高考失利，没有上大学。工作了几年后，在公司同事的介绍下，她很快就踏入了婚姻的殿堂。

可还不到七年之痒，她的婚姻就亮起了红灯，她哭着对我说："我该怎么办，他竟然偷偷地在外面养了一个野女人。刚开始，我还以为他常常夜不归宿是因为忙于工作，哪知道他……"听了她的悲惨遭遇后，一向正义感十足的我，二话不说，就抓紧帮她联系律师。

之后，秀儿仍然经常上门找我倾诉，言语之间充满了对她老公的不满和怨恨，出于同情，我带她去外面餐厅吃饭喝茶，还耐心地帮她分析利弊，"作为新时代女性，你一定要独立坚强点，这种男人你还要干啥，早点离婚才是正事。你别担心，我已经为你联系好了律师，过几天你和他见个面，相信他一定能为你排忧解难，早日摆脱那个狼心狗肺的臭男人！"

说完这番话，我本以为秀儿会对我的好心和善意感激涕零，哪知她杏目圆瞪，眉头紧蹙，颇不可思议地低声喊道："离婚？我老公虽然背叛了我，但他从来没有动手打过我，你怎么能骂他狼心狗肺，还逼我们俩离婚呢？你这是安的什么心啊？"

"你刚才不还控诉他出轨，狠狠地伤了你的心吗？我并没有恶意，纯粹只是想帮你一把啊！"她严厉的指控让我有些手足无措，心想，她这态度和情绪转换得也太快了吧！

秀儿依旧不依不饶，语气僵硬地对我说："我的家事不用你管，别在一边给我瞎说话，乱出主意行吗？今天谢谢你请我吃饭，天色晚了，我该回家了！"说罢，她立马起身，头也不回地离开了餐厅，只剩我一个人呆坐在椅子上发愣。

后来，秀儿再也没有联系过我，而我也为此感到心寒，不愿意再和她有过多的交集。其实回过头来细细寻思，这件事也不全是秀儿的错，她在我面前控诉她老公的种种不好，并不代表我也能如法炮制，附和着她说她老公的不是，毕竟这确实是属于她自己的家事，没有经过她的同意，其他人除了耐心倾听，绝对不能对此指手画脚、说三道四。

也许秀儿也有她不对的地方，可这并不能把我的过错一笔勾销，于是，我发了一条长长的短信，诚恳地向她道歉，我再三地在短信中说道："秀儿，对不起，不管怎么样，我都不该当着你的面骂你的老公。你和你老公的关系，远比我和他来得亲密，我确实没有资格对你的家事多加干涉，非常抱歉增添你的烦恼。如果日后你还有需要我尽绵薄之力的地方，请你一定要告诉我哦！"就在我忐忑不安地等待着她的回复时，秀儿很快就打电话告诉我，她和她老公已经离婚了，虽然现在的生活过得比较辛苦，但她无怨也无悔。

经过这次小小的风波后，我们俩依旧是很好的朋友，听说她又找到了一个高大帅气的男朋友，如果不出意外的话，两个人不久后就准备结婚，我真为她感到高兴！

为人处世，不要随便插手别人的家务事。法国有这么一句有趣的谚语："不要插手树和树皮的事。"树皮原本就是大树的一部分，就像朋友与其家人一样，即便他们之间有什么矛盾和分歧，相比起我们这些个外人，再大的争执也算不得什么！既然强加干涉他人的家事会引起对方的厌恶和反感，我们又何必硬要过这趟浑水呢？

个人隐私不会想让别人知道

听过“张敞画眉”这个典故的人都知道，西汉高官张敞是一个名副其实的大情种，比起同时代的男人们，他对待妻子的态度可以说是体贴备至。

其实，在古时候，男人的身份一般都凌驾在女人之上，而张敞却愿意主动放低身段，坚持为自己的妻子画眉，不得不说这是一件难能可贵的事。可偏偏有图谋不轨之辈看不惯张敞的行为，觉得为妻子画眉有伤风化，竟向皇帝告了御状，想让皇帝摘下张敞的乌纱帽，以便“匡正世风”。

果然没过多久，汉宣帝就在朝廷中当着很多大臣的面向张敞问起了这件事。没想到，张敞却对此相当不以为然，他泰然自若地回答道：“闺房之乐，有甚于画眉者。”

这句话的意思就是，夫妇之间，在闺房之中，还有比画眉更过头的玩乐事情，你只要问我国家大事做好没有，我是否替夫人画眉，这原本就是我的隐私，你管它干什么？

最后，汉宣帝爱惜张敞的才能，并没有因为画眉这事责备他，而张敞画眉的典故也因此得以流芳百世，世人皆视其为夫妻恩爱的范例。

从这个小故事中，我们不仅可以感受到张敞疼爱自己的妻子，同时，我们也不应该忽视非常重要的一点，那就是张敞对自己隐私的坚决捍卫。哪怕质问他的人是可以决定他的生死存亡以及仕途命运的皇帝，他也没有显露出丝毫的怯懦和退让。

好一句“闺房之乐，有甚于画眉者”，每一个人都有自己不欲为人知的隐私，比如一些难以启齿或并不光彩的错误和缺点，如果我们执意对此打破砂锅问到底，那很有可能会给对方造成严重的困扰，有时候甚至还会导致彼此关系的破裂。

一段友情的加深离不开互相的尊重。嵇康就曾在《家诫》一文中，告诫后代不要随便打探别人的隐私，因为人们普遍喜欢把自己的优点和长处展示给他人看，而对于缺点和短处则感到有些心虚，希望它们永远无法出现在公众的视野里。因此，如果我们“明知山有虎，偏向虎山行”，变着法儿扯掉他们身上的遮羞布，窥探他们极度重视的隐私，那只会引起对方的反感，使得其对我们心生戒备和不满。

罗曼·罗兰曾说：“每个人的心底，都有一座埋葬记忆的小岛，永不向人打开。”所以，很多时候，在未经主人允许的情况下，我们谁也没有资格去打探别人的隐私，这是做人最起码的礼貌。在我看来，尊重他人的隐私，是维系一段关系的必要条件，唯有这样做，我们才能成全对方想要在人们心目中保持一个美好形象的愿望，继而成全我们自己想要获得对方喜爱以及信赖的私心。

其实，我们并不会因为不打探别人的隐私而失去什么，相反，我们还会从中收获许多珍贵的东西，比如感激、尊重、好感以及信任等。说到底，这就是一个互利互惠的人际交往过程，既然如此，我们何不为彼此的双赢而保持适当的距离呢？

抱怨是人见人厌的负能量

前不久，一个许久未曾谋面的高中女同学在QQ群里吵着嚷着要自杀，这可把我们给吓坏了，大家纷纷关切地问她发生了什么事，没想到这一问竟然把她那装满负面能量的话匣子打开了，她就像唐僧一样，一张嘴噼里啪啦，止不住地抱怨和碎碎念：

“我老公不要我了！”

“我以前流过产，现在生不出孩子，他想跟我离婚！”

“我一哭二闹三上吊，什么法子都用尽了！”

“我怎么就那么命苦呢？辛辛苦苦为这个家付出了那么多年，最后竟然落得如此下场！”

“我好爱他，可他总是怪我太强势，太唠叨，控制欲太强，可哪个女人在心爱的男人面前不是这样呢？我错就错在太爱他了，我该怎么办，我好想一死了之。”

“……”

如此混乱的话语，如此歇斯底里的宣泄，如此疯狂的情感，还有如此骇人的抱怨。刚开始，QQ 群里所有在线的同学，都想尽办法安抚这位女同学的情绪，可她似乎一点也听不进去，只知道一个劲儿地抱怨自己的老公有多么多么不好，自己有多么多么不容易。眼见她如此固执和偏激，大伙儿渐渐地都不怎么愿意来宽慰她受伤的心了。起初情真意切的劝说和安慰，最后已然化作轻描淡写的片言只语：

“别瞎想了，好好跟你老公沟通一下吧！”

“现在科技这么发达，别害怕生不出孩子！”

“你还有家人和朋友，好好爱惜自己的身体！”

“开心一点，放宽心，一切都会慢慢好起来的！”

“……”

这一天上班时间就在大家七嘴八舌的劝慰中，颇不平静地过去了。结束了当天辛苦的工作后，我回到家中，原以为可以好好地放松一下，上上网看看电影，打开QQ 和朋友聊聊天，没想到，刚一上QQ，高中群的对话框又弹了出来，铺天盖地的仍旧是她满腹的牢骚和抱怨。

出奇的是，群里面没有一个人给予她任何的回应，即便事实如此残酷，她还是不愿意放弃向大伙儿传递负能量，就在她喋喋不休之际，对话窗口中突然跳出这么一句话："这事儿没什么好为难的，要么去死，要么离婚，你随便选一个吧！"

我定睛一看，原来说这话的人正是我一位玩得好的高中朋友，他真是语不惊人死不休，说话总是那么一针见血，真担心他会刺激到那位偏执的女同学。

群里面一下子变得安静起来，正当我耐心地等待女同学的回复时，她的头像竟然黑了。这时群里面又跟炸开了锅一样，大家争先恐后地发言：

"她不会真的去自杀了吧！"

"怎么办，万一她真的想不开做傻事呢？"

"我们要不要联系一下她的家人？"

"江哥，你说话也太精辟了，我为你鼓掌喝彩，可你不怕她真的自杀吗？"

没错，我这位语出惊人的朋友姓江名溪，为人开朗乐观，待人亲切友善，和他打过交道的人，都称赞他是正能量的化身，若能和他进行推心置腹的交谈，再灰心丧气的人，都能再次点燃对生活的热爱之火，勇敢积极地面对生命中的风风雨雨。

江哥气定神闲地回道："还有闲工夫抱怨的人，怎么舍得去死呢？"

果然，没过多久，有同学就打探到了那位要死要活的女同学的最新状况，她已经和自己的老公重归于好了，两个人还商量着去医院做试管婴儿呢！

其实，日常生活中，我们都曾抱怨过一些不如意之事，比如工作辛苦、工资不高、老公不贴心、孩子不争气等，可我们没有想到的是，抱怨有着巨大的杀伤力：于己，它会让我们的情绪变得消极颓废，而且一旦形成了这种抱怨的思维定势，我们面临的问题就会像滚雪球一样，越滚越大，最后陷入一个恶性循环之中；于人，抱怨就是一种人见人厌的可怕负能量，毕竟每一个人都有或多或少的闹心事，如果我们再向他们传递一些负面情绪，只怕他们也无力负荷和消化，最后可能对我们生出厌烦和逃离之心。

人人都希望自己过得一帆风顺，人人都希望自己的生活充满温暖的阳光，因此，人人都渴望和积极向上的人打交道，从中汲取积极向上的正能量。此外，对我们自身而言，抱怨也并非一个解决问题的好方法，尽管它能让我们获得短暂的心理平衡，但从长远来看，它就好比一剂毒品，让我们依赖成瘾，再也戒不掉。

美国励志导师韦恩·戴尔曾说：“抱怨是最消耗正能量的无益举动，如果你真爱自己，就毫无理由向那些无力帮助你的人发出抱怨。如果你在自己（或别人的）身上发现你所不喜欢的东西，你可以积极地采取必要措施来改正，而不应抱怨。”由此可见，让别人无休止地倾听我们的抱怨只会磨损对方的心智，毕竟谁也没有办法来帮我们过生活。如果我们想要摆脱自身的困境，最后还是得依靠自己。一味地抱怨只能消耗内心有限的正能量，唯有积极的行动，才是转变我们糟糕运气的最佳良方。

在电影《冒牌天神》里，仁慈的上帝对酷爱抱怨的布鲁斯说过这么一段话："人们要求我为他们实现任何他们自己的愿望，但是他们从来没有意识到，他们自己具有实现自己愿望的能力。年轻人想要看到真正的奇迹，首先得要自己努力。"

抱怨就像魔鬼，它总能在不经意间夺走我们的活力、希望、乐观和自信。所以，让我们多给自己打打气，心情不好的时候去户外走走，呼吸一下新鲜的空气，或是和亲近的友人谈谈心。只有这样，我们才能远离抱怨，创造出自己想要的奇迹，才能不断蓄积正能量，让身边的人对我们心向往之。

你知我知别人不能知

在台湾作家于晴的小说《到处是秘密》里，女主角李聚笑在下山寻找师父的路途中，遇到了一位生命垂危的老人，随即一段幽默又不乏深意的对话，就在他们之间展开了。

李聚笑惊道："咦？这儿怎么躺着个人？老伯，半夜看星星你不冷吗？”

老人吃力地张开无法聚焦的瞳孔，气若游丝地恳求她道：“小兄弟……在下乃‘闻人庄’的总管……今遭不测，只能托你将令牌送回闻人庄了……令牌在我腰间……你一定要记得这令牌不能随便给女子……”

被老人误认为是小兄弟，李聚笑也只是淡然一笑，并不觉得生气，既然这位老伯有事相求于她，那她何不做一回好人，将令牌送回闻人庄呢？

就在她准备抽身而去的时候，老人又再次出声唤她：“小兄弟……”

“咦？你还没死吗？我正在帮你挖坟，你可以安眠了。”李聚笑果然一语惊人。

老人再次恳求道：“小兄弟附耳过来……在下有个深藏多年的秘密，求你代为转达给闻人庄庄主……”老人本以为世人都喜欢听秘密，可没想到李聚笑却恨透了秘密，只见她绝情地说道：“老伯，人要死了，就不用再说什么秘密了。秘密留在世间，只会害人。”

尽管老人一再重申，只要她能将秘密转述给闻人庄庄主，她一定会得到庄主的重赏，可李聚笑仍置若罔闻，她毫不迟疑地拒绝道：“我不听秘密的。半个时辰后，我再回来为你造坟吧。”

“……就当一个垂死之人求你？”老人还是有些不甘心。

“不要。”李聚笑的回答掷地有声，随后决绝地离去了。

西方有一句谚语：“好奇心害死猫。”据说，猫有九条命，可它们的好奇心实在太重，总喜欢用鼻子到处嗅，所以最后因此而丧生。

我非常欣赏李聚笑不爱听别人秘密这一点，正如她所言，秘密留在世间，只会害人。如果一个人的好奇心太重，酷爱到处打探别人的秘密和隐私，那他最后一定不会有什么好下场！

另外，很多人有所不知的是，平时我们听到的小道消息，大部分压根是一些无中生有、以讹传讹的不确切的信息，并且，参与传播的人越多，其信息的含金量通常也就越低。如果我们也曾在流言蜚语的传播过程中添油加醋，甚至是泄露他人秘密的始作俑者，那么，事后一旦被当事人知晓，我们便会成为大伙心目中不值得信赖的人。

正所谓“流言止于智者”，当我们听到有人在传播别人的秘密时，千万不要化身为一只好奇心过重的猫咪，一定要迅速远离那些是非，避免当事人误会我们也是其中的一员。尤其是那些会损害对方声誉、尊严以及名誉的秘密，我们更不能掉以轻心，往里头瞎掺和。

当然，还有一种情况，那就是对方视我们为朋友，甚至是知己，然后像竹筒倒豆子一样，把他们心中的秘密和隐私说给我们听，这个时候，我们要努力做到守口如瓶。

要知道，如果我们知晓了别人的秘密，对方一般都会认为我们有责任去保守这个秘密，但毕竟人心隔肚皮，他们肯定无法全然地信任我们，因此多多少少会对我们心存一份顾虑和担忧，害怕我们会把秘密泄露出去。而一旦秘密被泄露了，哪怕不是我们的原因，他们也会把我们当成泄密的首要犯罪嫌疑人，结果可想而知。被人背叛的感觉相当不好受，所以心怀怨恨和不满的他们，十有八九会对我们产生不满的情绪。

由此可见，我们应该像李聚笑一样，对别人的秘密采取敬而远之的态度，如果能不听，最好就别听，以免后患无穷。如果别人执意要把心里的秘密告诉我们，那我们就只能把它当作自己的隐私，三缄其口，永远不向第三人提及。

其实，对于替别人保守秘密这件事，犹太人无疑是很多人的的榜样。当他们不小心知道了别人的秘密，他们一定会选择管住自己的嘴巴，尊重别人的秘密，同时还会给别人保守秘密。因为在他们看来，能够替别人保守住秘密是一件非常光荣的事情，它是测试一个人是否值得信赖的试金石。

哲学家马克思和诗人海涅之间的友谊一直被传为佳话。

当时，诗人海涅的思想相当前卫进步，他曾写下很多战斗诗篇。每天晚上，他几乎都会前往马克思的家中，声情并茂地朗诵自己最新创作的诗歌。

有时候，马克思和燕妮还会帮海涅加工、修改以及润色。非常难能可贵的是，马克思从来不在别人面前提及海涅新创作的诗歌内容，这样就能够保证海涅的诗歌在报纸上发表之前不被泄露出去。为此，海涅常常称赞马克思是最能够保守秘密的朋友，两个人的友情也因此日益深厚。

相信没有人愿意自己的隐私被别人当作茶余饭后的谈资。当人们把自己的心事告诉别人时，自然希望这事除了天知地知你知我知，再无第三人知晓。明白了这一点之后，我们就不会轻易踏入别人的隐私禁区，更不会随意将他人的秘密暴露在太阳底下。

好心换来一盆凉水

作家老鬼曾在他的著作《血与铁》中回忆起这么一件有趣的往事：在 1960 年的深秋，老鬼刚上初中一年级还没有两个月的时候，学校就开始核定粮食定量。

当时，学校领导在大会上说，由于赫鲁晓夫背信弃义，撕毁合同，加之中国又遇上了百年未遇的大饥荒，粮食大幅度减产，所以学校必须严格执行粮食定量制度，同学们可以先按照自己的实际情况进行申报，最后再由学校批准具体数字。

老鬼当时虽然只有13岁，却看过大量的革命回忆录，他非常喜欢充满传奇故事和英雄事迹的革命战争时代，吃过许多苦的保尔·柯察金就是他心目中的偶像。老鬼觉得，艰苦并不平庸，红军长征吃草根树皮是一件特别励志的事，越是艰苦的岁月，往往越有诗意。

因此，为了给国家减轻一点负担，老鬼在申报表上填写了最小定量——28斤。他心里寻思着，现在国家正处于缺少粮食的困难期，自己要是能少吃一点，这不正是为国效力吗？

当年红军长征时，有的人为了把最后一点粮食让给战友吃，都不惜饿死自己，他也想效仿这些助人为乐的好同志。可班主任任老师却显得有些担心，她觉得老鬼个子很大，吃这么点粮食肯定不够，于是特地跑过来问他："你行吗？要实事求是，不要有什么顾虑。"

老鬼拍着胸脯对她说："行，任老师，没问题！"

就在全班同学想尽办法往多了报时，老鬼的这种做法确实有点特别，就为了这事，任老师还当着全班同学的面表扬他，说他有觉悟，能体谅国家的难处。

粮食往少处报，虽然看起来是一件非常好心的事，可究竟合不合适也只有老鬼的肚皮知道。因为从小到大老鬼都没有挨过饿，他压根就不知道一个月只吃28斤粮食是什么滋味。早上一个馒头，一碗稀粥；中午四两米饭，一勺菜；晚餐和早餐一样。

这样艰苦的日子过了两个星期后，老鬼终于明白什么叫饥饿了，他非常后悔自己当初的无知。

后来，得知此事的母亲狠狠地批评了他一顿："这怎么行呢！每个人都有自己的定量，我们现在的粮食也很紧，你每星期回家，拼命吃家里的粮食，然后再到学校装积极，这就革命吗？"母亲严厉的一席话，让老鬼有些无地自容，可他又不知道该如何向任老师解释。

出于无奈，父亲只好特地跑到学校，和学校党支部书记谈了老鬼的情况，说他年纪小不懂事，申报的28斤粮食根本不够吃，希望学校给他增加定量。

学校领导也很通情达理，立马把老鬼的粮食定量增加至16公斤。

老鬼回忆这件事的时候，颇多感慨，他觉得自己那次节约粮食的举动，完全是虎头蛇尾。自己明明对饥饿没有任何的抵抗力，却偏偏还要打肿脸充胖子，白白赚了一个高尚的头衔，想来实在是羞愧不已，无脸面对看重他的班主任任老师。

俗话说得好，"有多大锅，下多少米"。虽说帮助别人从来都是一种美德，我们从小也常常被长辈教育要"助人为乐"，可这并不代表我们的好心就一定能行出善事。老鬼的经历告诉我们，如果我们自身并不具备足够的能力，那帮助别人时最好还是要量力而行。

毫无疑问，从助人的行径中，我们能窥视到一个人内心的纯真善良，能触摸到人性无私的美好，能感受到与人相处的快乐和温暖。可是在和别人打交道的过程中，很多时候，因为彼此思维的差异，我们总是无法将自己的心意彻底地传达给对方，往往好心不被领情，想帮忙却办了坏事，结果不仅弄得对方满心不爽，还让自己寒了心。

小程是单位出了名的“热心肠”，别人一有什么头疼脑热或是心烦之事，只要她能帮得上忙的，她必定要向对方伸出热情的援手。

为此，单位同事都特别喜欢她，小程自己心里也非常高兴，毕竟谁都希望自己有好人缘。

不过，就在大伙儿都为小程的好心叫好时，有一个人却唱起了反调，她就是单位新调来的李总。这两个人究竟是怎么结怨的呢，这事儿还得从小程的“好心却办了坏事”说起。

李总刚刚到单位任职时，由于对新环境和新同事还不怎么了解，她当天晚上就请单位所有的同事吃饭，想借着这个机会和大伙儿联络一下感情。

就在大家酒酣耳热之际，小程为了表现自己的热心，博得新领导的好感，于是连忙站起身来，给在座的各位同事还有李总斟酒，她一边倒酒，还一边乐呵呵地说：“李总可是初来乍到，大伙儿可一定要给我个面子，日后积极配合李总的工作，不要让她为一些小事烦心！”说罢，她将杯中的酒一饮而尽，殊不知，旁边的李总却悄悄地变了脸色。

其实，如果换成别人，小程的这番话并没有什么过分之处，可李总偏偏是一个要强好面子的人，她非常讨厌别人自作主张，当众代替她发言。

“原来小程的面子比我大，看来我这次非得让位不可！”李总皮笑肉不笑的一句话，让在座的所有人惊出了一身冷汗，于是大家连忙拉小程坐下。

经过此事，李总对小程再无好感，工作上总是不肯对她委以重任，而小程也备感委屈，自己明明是一番好心，怎么李总就不愿意领情呢？真是好心被当成驴肝肺，好心没好报！

在我们给别人提供帮助之前，一定要先问问自己，这究竟是不是对方所需要的，如果不是，我们最好收回所谓的好心。另外，当别人求助于我们时，我们还得问问自己是不是有能力把这个忙帮好，如果没有百分百的把握，那务必三思而行，千万不要轻易向对方允诺，承担下自己无法负荷或是难以负荷之事。

第九章

不懂人心的历史，总是透着血淋淋

历史是一面镜子，从镜子里我们可以看到一幕幕相似的情节在不断上演。唐太宗说，“以史为镜，可以知兴替”。在历史上，不懂君王心很有可能会惹来杀身之祸。虽然现在不会造成那样的后果，但是曾经的一个个血的教训仍然可以让我们认识到懂人心的重要性。历史已经过去，不重蹈覆辙才是关键。

华佗好心施医术，曹操起疑撩杀心

《三国演义》里记载了这样一则故事：奸雄曹操得了头风病，久治不愈，于是他请来名医华佗为他诊治。一番诊断之后，华佗就对曹操说，你的脑子里长了“风涎”，它是你头风病的病根所在。只有先服用了“麻沸散”，然后用利斧砍开脑袋，取出“风涎”，才能彻底治好头风病。

一向疑心很重的曹操，一听要开自己的头颅才能把病治好，顿时勃然大怒。他认为华佗是心怀不轨，八成是为了给死去的关羽报仇，所以才特地设计了这个治疗法子，假借“开刀治病”杀害自己。因此，盛怒之下的曹操立即把华佗关入狱中，不久便把华佗杀了。

很多人读完这个故事后，纷纷替华佗喊冤，认为他死得实在是冤枉。但在我看来，华佗的冤死，责任不全在曹操身上，华佗本人也要为此承担一定的责任。毕竟，曹操生性多疑是众人皆知的事情。即便是为了治病，他也断不会轻信华佗的一面之词，将自己的头颅劈开取出“风涎”，这可是要命的事，况且华佗又不是他的亲信或心腹，那么珍视自己性命的曹操又怎么会舍得冒险开颅取出“风涎”呢?

因此，华佗没有注意到曹操的个人禁忌才是他最后被杀的关键所在。他虽医者仁心，想给曹操开颅治病，但却忽视了“伴君如伴虎”。

为人处世必须小心谨慎，说话行事一定要看对方是什么样的人，即所谓的“看人下菜碟”。万万不可像华佗那样，也不细细忖度一下曹操的为人，寻思一下自己和曹操是不是深交的关系，就竹筒倒豆子似的说出开颅治病的方子，结果只会招致曹操的怀疑，惹来杀身之祸。

“不得其人而言，谓之失言”。在现实生活中，与人往来，我们一定要时刻注意他人人性中的禁忌与雷区，说话要因人而异，分场合，看对象，千万不要图一时口舌之快，否则无意中得罪了别人还不自知呢!

世上没有两片完全相同的叶子，一千个人也有一千张面孔，再加上人心又是复杂难测的，因此，和人打交道，千篇一律的沟通方式肯定行不通。不过方法总比问题多，针对不同性格的人，我们只要学会灵活应变，在自己的言行举止中添加不同的“佐料”，沟通自然水到渠成。

1. 生性多疑、心胸狭窄的人。

这种人一般对别人所说的话总是持一种怀疑的态度，言语中往往缺乏应有的热情，不管对方说什么，他们常常喜欢反问一句：“啊，是吗？”

和这种人打交道，我们切记不要心直口快，更不要口无遮拦触及对方的隐私，保持亲切友善和不急不躁的谈话态度才是最要紧的。如果彼此在某些问题上持不一样的观点，我们千万不能任着性子和其争辩不休，也无须为此多加解释，因为这种人往往有着非常强的戒备心和主见，他们绝对不会因为别人的三言两语而改变自己的看法。

因此，当他对我们所说的话提出质疑时，我们不妨放低身段，适当地去迎合他的想法，让对方有一种被重视和尊重的感觉，从而对我们生出些许的亲近之心。比如我们可以这么说：“您的话真是一针见血，和您相比，我确实是目光短浅，日后还希望您多多指点我一下！”

2. 沉默寡言、优柔寡断的人。

这种人说话一般都非常谨慎，并不太愿意参与到谈话中。很多时候，我们问他一个问题，他很有可能大半天都憋不出一个字来。虽然这种性格的人通常都是一个很好的倾听者，但绝对不是一个很好的聊天对象，因为他们从不轻易说出自己的真实想法，且严重缺乏主见，我们说什么，他们都会点头称是。

和这种人打交道，我们首先要牢牢把握谈话的主动权，多运用一些肯定性的用语，多从对方的立场来考虑问题，多提一些积极的建议。

其次，我们不要强迫他们发言，语气也应该尽量放柔和，语速当然也不能过快，适当地提一些容易回答的问题来问他们，才能慢慢引导他们卸下心理包袱，参与到谈话之中。

最后，这种人一般都非常讨厌夸夸其谈、过于表现自己的人。因此，我们在谈话的时候，一定要避免噼里啪啦讲个不停，腾出一点空间耐心地等待他们的回应，才能给他们留下一个很好的印象，使得其愿意日后和我们有进一步的接触。

3. 夸夸其谈、先入为主的人。

“我的朋友遍布五湖四海！”“我今天又谈成了一笔大生意！”“我天天吃山珍海味，都吃腻了！”“我在巴黎又买了一个包！”常说这类话的人喜欢以自我为中心，特别热衷于在别人面前吹牛皮、炫耀自己，他们总是三句话不离“我”字，仿佛全世界人除了他都一文不值!

其实这种人让人讨厌，是因为他们总是把所有耀眼的光环据为己有，一点也不愿意和其他人分享，这种自以为是和优越感只会让身边的人感到厌烦。

不过话又说回来，这种人比起前面所说的两种人，往往要更容易掌控些，因为他们要的非常简单，无非就是别人的认可和羡慕。只要不停地恭维他们、赞美他们、向他们求教，那我们可能很快就能俘获他们的心，使得其特别愿意和我们建立一段长久的关系。

俗话说得好："于僧人论佛，与道士谈仙，于商人言利，与文人话儒，与朋友聊义，与爱人表情。"归根结底，人与人之间的沟通就是一个对症下药的过程。华佗给曹操看病，虽然施对了医术，却没有下准心药，所以最后才惨遭曹操的杀害。我们平时与人打交道，最好谨慎判断后再说话行事。

韩信忍辱成大业，功盖刘邦遭诱诛

我常跟身边的年轻人说，做人一定要像弹簧一样能屈能伸，学学古时候的韩信，不顾男儿膝下有黄金，凛然地咽下胯下之辱，此乃"屈"也。

若是论起"伸"，那韩信就不是一个很好的典范了，为什么这么说呢？凡事总是过犹不及，韩信在助刘邦打下江山后，内心的自负和骄傲与日俱增，如此功高盖主，怎能不挑起已然坐上皇帝宝座的刘邦的杀机？

众所周知，韩信是秦末汉初的军事奇才，一般人很难忍受得住胯下之辱，可他却做到了。可作为汉朝最大的开国功臣，韩信却渐渐丧失了年轻时的隐忍和智慧，他明明深知自己位极人臣，权势通天，早已是刘邦和吕后的“眼中钉、肉中刺”，却仍旧不懂得急流勇退，甚至还妄想刘邦把山东等封地赏赐给他，好让他建立一个国中之国。

结果可想而知，为刘邦称霸天下立下了汗马功劳的韩信，被萧何和吕后诱杀于长乐宫的钟室之中。常言道：“兔死狗烹，鸟尽弓藏。”一个人若是满腹才华却不懂得收敛和低调，那很容易在被人利用完之后，逐步成为对方的眼中钉、肉中刺，不管彼此的关系曾经是何等的亲密，一旦风头远远盖过对方，悲惨的下场自是无可避免。

在现实生活中，我们得借此例警醒自身，与人来往切勿锋芒毕露，尤其在职场行走，更是要像林黛玉初到贾府时那般谨慎小心。要知道，上司或是老板最忌讳功高盖主的员工，我们若是有翘尾巴的嫌疑，很快就会招来领导的猜忌，到时候可没有什么好果子吃！

美国著名企业家李·艾柯卡曾讲述过自己的一段黑暗经历。1946年8月，21岁的艾柯卡来到底特律，在福特公司当了一名见习工程师，实习尚未结束，生性喜欢和人打交道的他，却走上了汽车推销员的道路。

刚开始，推销员的工作并没有艾柯卡想象中的那么顺利，他的销售业绩一度垫底，这使得他非常气馁。好在艾柯卡头脑灵活，很快就想出了一个绝妙的主意：谁购买一辆1956年型的福特汽车，只要先付20%的货款，其余部分可以每月付56美元，分3年付清。如此一来，再怎么囊中羞涩的消费者，也能通过分期付款负担起一辆轿车，这就是艾柯卡所谓的营销术——“花56元钱买五六型福特车”。

仅仅三个月的时间，艾柯卡的销售业绩就突飞猛进，轻轻松松拿下全国的第一名。随后不久，福特公司就把这种推销方法在全国各地推广，汽车的年销量一下子猛增到7.5万辆，艾柯卡也因此名声大振，一步步爬上福特公司的管理层职位。

在20世纪60年代初，福特公司面临倒闭破产的危机，此时，艾柯卡亲自出马，夜以继日地研制出一款专为年轻人设计的新车，并定名为“野马”，第一年销售额竟高达41.9万辆，创下了全美汽车制造业的最高纪录。为福特公司创造11亿美元纯利润的艾柯卡，也因此成了闻名遐迩的“野马之父”，不久便如愿以偿地登上了福特汽车公司总裁的宝座。

自从艾柯卡当上总裁后，他为人处世就变得非常张扬高调，他感觉自己这辈子从来没有这么风光过，仿佛整个世界都在他的脚底下。因此没过多久，艾柯卡就被辞退了。

当了8年的总裁，在福特公司工作已有32年，从来没有在别的地方工作过，职场生涯可以说是一帆风顺的他，突然间失业了，艾柯卡几乎无法承受住这个打击。

凡事做得太过，风头盖过上级，可能会把自己逼入一个死胡同，非但不能步步高升，反而会登高跌重，换来满身伤痕。还有可能带来更大的危害。

其实，不管和谁打交道，我们都要懂得推恩施惠，凡事习惯把功劳往上推，把利益往下分的人，才是能笑到最后的最大赢家。因为这样做，不仅能避免功高盖主招致的无穷祸患，还能取悦人心，减轻对方对我们的警惕和防备，从而安存于世。

印度诗人泰戈尔曾说："你从不寻求名声和崇拜，可是爱之神却发现了你。"可见居功并不一定要自傲才能赢得他人的认可，谦逊低调的作风才是让自己的功勋不被磨灭的周全之术。

沈万三犒赏军队，朱元璋怒贬云南

说到富可敌国，很多人的脑袋里都会闪现出一个名字，那就是明朝著名的商人沈万三。可饶是这么有钱的人，最终还是在皇帝朱元璋面前栽了一个大跟头，很多人更是因此而得出了一个结论——跟权势比起来，再多的钱财也不值一提。

然而，我却并不这么认为，熟悉沈万三和朱元璋之间的那些恩怨纠葛的人，一定知道沈万三被朱元璋怒贬到云南这件事的来龙去脉。归根结底，还是沈万三他自己不懂得皇帝的禁忌，一味地挑战皇帝的底线。

朱元璋刚建立明朝时，国家财力并不雄厚，为了筹措修筑城墙的资金，他可是伤透了脑筋。就在他左右犯难之际，有着“江南首富”之称的沈万三为了讨好朱元璋这位皇帝，便主动提出自掏腰包，帮助他修筑三分之一的城墙。

此举自然赢得了朱元璋的欢心，若是故事仅仅发展到此，沈万三兴许还会摇身一变，加官晋爵，成为朱元璋跟前的大红人。可他偏偏不懂得适可而止，在修筑完城墙之后，沈万三竟然直接向朱元璋请求出资犒赏三军。

朱元璋听了之后，脸色立马阴沉如浓墨，他心想，朕才是坐拥天下的君主，你沈万三是什么玩意儿，竟妄想行越位之事，这不是明摆着不把朕放在眼里吗？

于是，他怒气冲冲地对沈万三说道：“匹夫敢犒劳天子的军队，绝对的乱民，该杀。”就在他下令要将沈万三推出去斩首示众的时候，马皇后连忙向前进谏道：“我听说律法这个东西，是用来诛杀不法之徒，而不是用来诛杀不祥之人的。老百姓富可敌国，是老百姓自己不祥，不祥之民，苍天必然会降灾祸给他，陛下又何必再杀他呢？”

朱元璋转念一想，皇后的话确实不无道理，如果他一气之下诛杀了沈万三，只怕会因此亵渎了律法，从而招来百姓的流言蜚语。

但俗话说得好，死罪可免，活罪难逃。朱元璋始终不愿意就这么轻松饶过语出不敬的沈万三，他决定下旨将其发配到偏远寂寥的云南，让他从此孤独落寞一生。

就这样，曾经被人交口称赞的“财神爷”，转瞬间沦为了阶下囚，如此颠覆的命运转折，真是让人唏嘘不已。

不妨扪心自问，如果我们辛苦劳动却被别人抢了功劳，我们会愿意吗？我们会希望这种事情发生吗？

如果我们的回答是“不希望”，那沈万三被朱元璋怒贬云南之事也就在情理之中了。犒赏三军原本是皇帝该干的事儿，沈万三却不知天高地厚，妄想代皇帝行使职责，这不是在众目睽睽之下打皇帝的脸吗？不管谁是皇帝，应该都忍受不了这样的奇耻大辱。

由此可见，为人处世要到位而不越位，唯有对他人的领地敬而远之，别人才会照葫芦画瓢，心甘情愿地还我们一片无拘无束的自由天地。

上架建议：经管励志

ISBN 978-7-5690-1980-3

9 787569 019803 >

定价：59.80元